일본 사회의 서벌턴 연구 3

문화권력과 서벌턴

한국외국어대학교 일본연구소
일본사회의 서벌턴연구 총서 03

일본 사회의 서벌턴 연구 3

문화권력과 서벌턴

문명재 · 김영주 · 금영진 · 김미진
오성숙 · 배관문 · 김경희

제이앤씨
Publishing Company

머리말

　'동아시아의 호모커뮤니쿠스' 문화를 선도하는 한국외국어대학교 일본연구소는 1990년 정식 발족하여 일본의 언어, 문학, 문화, 역사, 정치, 경제 등 인문·사회과학에 관한 종합적인 연구를 통하여 한국에서의 일본 연구뿐만 아니라, 학술지 간행, 학술대회 개최, 다양한 공동 연구 수행을 통해 동아시아 지역 상호 간에 지속 가능한 소통과 상생을 위한 다양한 학술·연구 활동을 전개해 오고 있다. 본 연구총서 <일본 사회의 서벌턴 연구 3-문화권력과 서벌턴>은 본 연구소가 2019년 <일본 사회의 서벌턴 연구: 동아시아의 소통과 상생>이라는 주제로 한국연구재단의 인문사회연구소지원사업(1단계 3년, 2단계 3년 총 6년)에 선정되어 진행하고 있는 공동연구의 결과물을 엮은 것이다.

　본 연구팀에서는 연구과제에 참여한 연구진의 연차별 연구성과 및 연구소 주최 학술대회와 콜로키엄에 참가한 외부 연구자와의 교류 성과를 모은 연구총서를 1년에 1권씩 6년간 총 6권을 간행하여 연차별 연구주제에 관한 연구성과물을 유기적으로 엮어냄으로써 본 연구과제의 목적과 성과를 명확히 하고, 이를 외부로 발신하여 제 학문 분야에서 활용할 수 있는 기초적 자료를 제공하고자 한다. <일본 사회의 서벌턴 연구 3-문화권력과 서벌턴>은 연구책임자를 포함한 6인의 전임 혹은 공동연구원과 1인의 초빙 연구자의 연구성과물을 엮은 그 세 번째 결과물이다.

본서 수록 논문을 간략하게 소개하면 다음과 같다.

문명재의 <홋카이도(北海道) 개척과 아바시리(網走)형무소의 참상-문화권력과 서벌턴의 관점에서>는 홋카이도 개척에 희생되었던 아바시리 형무소의 죄수들과 조선인 징용 노동자들의 처참한 삶의 현장을 재조명해보았다. 국가의 주도적인 계획하에 역사적 비극의 현장이 세계적 문화유산이 되고, 또 이를 관광 상품화함으로써 역사적 참상의 현장과 서벌턴으로서의 죄수와 징용 노동자들의 비참한 삶의 모습이 문화권력에 의해 미화되고 은폐되어 버리는 상황을 경계하고자 한 것이다.

김영주의 <다문화 공생과 아이누 민족-선주민족 공인과 선주권>은 아이누 민족이 홋카이도의 선주민족으로 공인되기까지의 경위를 분석하면서 다문화 공생 사회 구축을 위한 아이누 민족의 바람직한 모습은 무엇인가를 살펴보고자 했다. 일본 국민, 나아가 선주민족의 권리를 찾기 위한 아이누 민족의 투쟁은 일본 정부의 아이누 정책, 다시 말해 아이누 민족 관련 법률과 밀접한 관련성을 가지면서 전개되었다. 따라서 이 글에서는 일본 정부의 대(對) 아이누 민족 정책과 아이누 민족의 권리를 둘러싸고 제기된 주요 소송 사례를 통하여 아이누 민족의 선주권 문제에 대해 생각해보고자 했다.

금영진의 <일본 고전 속의 역병과 미신, 그리고 가짜뉴스-질병

과 공동체로 본 일본 사회 서벌턴>에서는 일본에서의 과거 역병의 유행에 수반하여 발생한 다양한 미신과 유언비어, 그리고 이번 코로나19 사태 당시 횡행했던 가짜뉴스에 착목하여 일본 고전자료 및 근현대 관련 자료를 통해 전염병과 관련한 가짜뉴스를 통시적으로 조망하였다. 코로나19 사태와 관련하여 유포된 가짜뉴스 중에는 다른 사람을 속임으로써 자신의 이익을 취하거나, 또는 다른 인간이나 소수집단에 대한 혐오를 부추기는 내용의 것들이 적지 않았다. 특히 코로나 발원지로 여겨지는 중국을 비롯한 아시아권의 유색인종에 대한 차별이 빈번하게 발생하였다. 가짜뉴스는 전염병에 대한 무지와 막연한 공포로 인해 발생하는 측면이 크지만, 그 분노의 감정이 점차 특정 집단이나 지역 내지는 국가와 인종을 겨냥하는 쪽으로 옮아간다. 그런 점에서 금영진의 논문은 특정 집단이나 인종에 대한 배척의 감정이 전염병에 대한 공포와 맞물리면서 가짜뉴스에 의해 증폭되고, 결과적으로 차별이 더욱 확산된다는 메커니즘의 분석을 통해 전염병과 서벌턴이라는 새로운 시점을 제시해준다.

　김미진의 <근세 시대 재해 속 서벌턴 피해자－1807년 에이타이바시(永代橋) 붕괴 사건을 중심으로>는 1807년 에도에서 있었던 에이타이바시의 붕괴 사건을 분석의 소재로 하여 에이타이바시 붕괴의 원인과 재해에 휘말린 피해자 중 사회적 약자인 서벌턴 계층의 모습을 통해 재해와 사회적 약자의 관계에 주목한다. 구체적으로는 당시 사건을 기록한 여러 기록물을 통하여 붕괴의 원인과 피해 상황을 파악해 보고 그 속에 나타난 서벌턴 피해자의 모습을 소개

7

하고 분석하였다.

　오성숙의 <문화권력과 서벌턴 피폭자 문학－전후 원폭, 원폭문학을 둘러싼 논쟁을 중심으로>는 점령기의 검열과 그 이후의 원폭문학을 둘러싼 논쟁을 통해, 원폭문학이 GHQ에 의한 검열뿐만 아니라 제도적 일본 문단이라는 문화권력 아래 주변화되고 하위화되면서 서벌턴 피폭자 문학으로 폄하되고 있음을 살펴보고자 한 것이다. 점령기의 검열과 감사한 폭탄이라는 원폭신화의 확산은 원폭문학을 위축시키기에 충분했다. 히로시마 문단은 히로시마라는 특수한 원폭과의 상관성 안에서 원폭문학이 피폭, 피폭자의 '참상', '비참함'에 매몰된 직접적이고 상징적인 수법에 이의를 제기하고 특수한 문학, 상황적 문학으로 차별화하고 있었다. 히로시마 문단뿐만 아니라 중앙 문단도 그들만의 리그인 문학의 보편성에 기대어 문단에서 배제하는 하위의 원폭문학으로 배척하고 있었다. 따라서 본 논문에서는 문학의 범주에 있을 것이라는 원폭문학이 보편적 문학에서 배척된 '경시', '왜곡', '혐오', '차별'에 노출되어 있는 서벌턴성을 드러내고자 서벌턴 피폭자 문학으로 보다 명확히 규정하고자 했다.

　배관문의 <빈곤과 차별의 상징이 된 후쿠시마－현대일본 표상문화론에서 서벌턴 연구의 가능성>은 미디어에서의 후쿠시마의 재현과 실제 후쿠시마 사람들의 목소리의 간극과 그것이 구조적으로 내부차별을 통해 공동체를 만들어 온 일본의 시스템에 주목한다. 서벌턴이 주변화하는 논리에는 그들의 '하는 일'이 중요한 축을 이루고 있다. 후쿠시마의 제염작업에는 사회로부터 철저하게 지워지는 존재들, 즉 '증발자'들이 투입된다. 따라서 후쿠시마에서의 제염작업은 그 중요성에도 불구하고 철저히 잊히고 지워지는 특징이 있다. 그리고 그것은 국가적 수치이므로, 그들과 대비되어 "후쿠시마 농산물은 안전합니다"라는 목소리만이 강조된다. 배관문은 '후쿠시마의 목소리'들을 지우고 나서야 비로소 성립되는 일본 사회의 주변부의 '인간들'을 삭제해가는 '희생의 시스템'과 그 위에 자리 잡은 현대 일본 사회를 고발한다.

김경희의 <일본 다문화공생 정책의 평가와 과제－공생은 어떻게 가능한가>는 일본 사회가 표방하는 다문화공생 정책의 경위와 10년의 평가를 검토하여 그 성과와 한계에 대해 살펴본다. 구체적으로는 다문화공생의 역사적 원류 가운데 일본 사회의 차별에 맞서 공생을 요구했던 재일코리안의 활동에 주목하여, 일본인과 재일코리안이 연대한 공동투쟁의 실천을 통한 공생의 의미를 명확히 한다. 다문화공생의 한계점과 과제를 정리하여 진정한 공생을 위해서는 마이너리티 이주자들의 변화뿐만 아니라 머조리티 주민들에게도 커다란 인식의 변화와 노력이 요구된다는 점을 지적한다. 이를 통해 일본 다문화공생의 나아갈 방향과 공생사회 실현이 어떻게 가능한지를 논하고자 했다.

이상 7편의 연구를 살펴보았는데, 한일 양국의 서벌턴 문제는 역사적 사건을 공유하며 정치·경제적으로 복잡한 관계망 속에 초국가적으로 얽혀있다. 서벌턴은 시대와 지역을 막론하고 사회체제의 최하층과 말단 주변부에 존재해왔으며 지금도 존재하고 있다. 이에 한일의 역사적, 문화적 특수 관계 속에서 핵심 관련자인 일본의 서벌턴 문제에 천착하여 창출한 연구성과를 엮은 본서는 궁극적으로 한국 사회의 서벌턴 문제를 이해하고 해결할 수 있는 단서를 제공할 수 있을 것으로 기대한다.

마지막으로 연구자 여러분과 이 책이 세상에 나올 수 있도록 출판을 허락해주시고 이렇게 멋진 책으로 만들어주신 제이앤씨의 윤석현 대표님, 실제로 실무 작업을 맡아주신 최인노 과장님께 감사의 마음을 전한다.

2022년 5월
연구진을 대신하여
문명재

차례

머리말 / 5

제1장 홋카이도(北海道) 개척과   문명재 ⋯ 15
아바시리(網走)형무소의 참상
문화권력과 서벌턴의 관점에서

1. 머리말 · 15
2. 홋카이도(北海道) 개척의 역사와 아바시리(網走)형무소 · 17
3. 아바시리(網走)형무소의 역사와 특징 · 21
4. 아비시리(網走)감옥의 囚人과 조선인 징용자의 참상 · 24
5. 문화권력과 아바시리(網走)형무소 · 33
6. 맺음말 · 36

제2장 다문화 공생과 아이누 민족   김영주 ⋯ 39
선주민족 공인과 선주권

1. 머리말 · 39
2. 아이누 민족의 정체성 · 41
3. 일본 정부의 아이누 정책 · 47
4. 선주권 관련 소송 · 55
5. 맺음말 · 60

제3장 일본 고전 속의 역병과 미신, 그리고 가짜뉴스   금영진 … 65
질병과 공동체로 본 일본 사회 서벌턴

1. 머리말 · 65
2. 역병과 신앙, 그리고 미신 · 70
3. 미신과 유언비어, 그리고 가짜뉴스 · 79
4. 맺음말 · 88

제4장 근세 시대 재해 속 서벌턴 피해자   김미진 … 91
1807년 에이타이바시(永代橋) 붕괴 사건을 중심으로

1. 머리말 · 91
2. 에이타이바시(永代橋) 붕괴 사건의 전말 · 94
3. 에이타이바시(永代橋) 붕괴 원인 · 102
4. 에이타이바시(永代橋) 붕괴 사건의 피해자 :
   오타 난포의 『유메노 우키하시』를 통해서 · 108
5. 맺음말 · 114

제5장 문화권력과 서벌턴 피폭자 문학   오성숙 … 117
전후 원폭, 원폭문학을 둘러싼 논쟁을 중심으로

1. 머리말 · 117
2. 미점령기의 원폭, 원폭문학에 대한 검열 · 120
3. 히로시마 문단과 원폭문학 논쟁 · 125
4. 중앙 문단과 서벌턴 피폭자 문학으로서의 원폭문학 논쟁 · 131
5. 맺음말 · 138

제6장 빈곤과 차별의 상징이 된 후쿠시마 배관문 … 141
현대일본 표상문화론에서 서벌턴 연구의 가능성

1. 머리말: 밤이사 현상과 일본문화론 · 141
2. 사라진 증발자가 도달하는 곳, 후쿠시마 · 149
3. 후쿠시마 부흥 담론과 2020 도쿄올림픽 · 156
4. 맺음말: 더러운 존재, 지워지는 목소리 · 160

제7장 일본 다문화공생 정책의 평가와 과제 김경희 … 165
공생은 어떻게 가능한가

1. 머리말 · 165
2. 일본 공생사회의 역사적 배경 · 170
3. 중앙정부의 다문화공생 정책과 10년의 평가 · 177
4. 다문화공생의 한계와 과제 · 189
5. 맺음말 · 193

홋카이도(北海道) 개척과
아바시리(網走)형무소의 참상
문화권력과 서벌턴의 관점에서

문 명 재

1. 머리말

일본 사회는 역사의 질곡과 함께 다양한 서벌턴이 존재해 왔는데, 홋카이도(北海道) 개척에 따른 아바시리(網走)형무소의 囚人과 조선인 강제징용자도 국가권력의 희생자로서 주목해야 할 대상이다.

지금은 관광지로서 유명해진 아바시리(網走)감옥이지만 그 역사를 들여다봄으로써 겉으로는 보이지 않는 이면의 실상을 파악할 필요가 있다. 囚人은 저지른 범죄의 처벌로서 일정 기간 형무소에서 복역을 하게 되는데, 囚人이라 해도 인권은 존중되어야 하고 최소한의 인간다운 삶은 보장되어야 한다. 그렇지만 시대적 상황과 맞물려서 아바시리(網走)형무소의 囚人들은 처참한 삶을 강요 당했었다.

이러한 역사의 현장이 지금은 잘 단장되어 관광지로 변모하였다. 형무소 건물과 여러 시설들이 예전의 형태로 복원되었고 죄수들의 생활 모습도 인형으로 재현시켜 놓아서 일반인들의 관심과 흥미를 끌기에 충분한 모습으로 단장되었다. 형무소의 관광상품화는 어울리지 않을 것 같다는 생각과 달리 이제는 홋카이도(北海道) 여행객들 상당수가 찾는 곳이 되었는데, 그 이면에 존재하는 역사적 사실의 변질에 대해서 주목할 필요가 있을 것이다.[1]

한 예로, 일제 강점기의 조선인 징용의 현장인 군칸지마(軍艦島)가 유네스코 세계문화유산으로 등재된 바 있고, 최근에는 사도(佐渡) 탄광도 역시 유네스코 세계문화유산으로 등록하려는 움직임이 활발하게 진행되고 있다.[2] 이처럼 국가의 주도적인 계획에 의해 역사의 비극적 현장이 세계적 문화유산이 되고 관광상품화 되는 것을 보면서, 역사적 참상의 현장이 문화권력에 의해 미화되고 서벌턴의 실상이 은폐되어 묻히는 것은 매우 조심해야 할 일이라 생각되고, 이러한 관점에서 본 고찰에서는 홋카이도(北海道) 개척과 아바시

---

1 오해가 없도록 하기 위해서, 본 고찰에서 아바시리(網走)감옥이라고 표현한 것에 대해 부연설명을 하자면, 원래 아바시리(網走)감옥은 일본 법무성 관할의 형무소이고 관광시설은 아니다. 따라서 내부 시설의 견학이 자유로운 것은 아니고, 관광 상품화 되었다고 표현한 대상은 형무소와는 별도의 '박물관 아바시리(網走)감옥'을 가리키는 말이다.

2 탄광의 유네스코 세계문화유산과 서벌턴과 관련하여 오쿠무라가나코(奥村華子)의 논문이 참고가 됨(奥村華子(2017)「廃墟をめぐるナラティブ―代弁する炭鉱とされる炭鉱―」『日本語文學』77집, 日本語文學會, pp.357-380.

리(網走)형무소의 囚人, 조선인 강제징용자의 참상을 문화권력과 서벌턴에 초점을 맞추어 재조명해보고자 한다.

2. 홋카이도(北海道) 개척의 역사와 아바시리(網走)형무소

아바시리(網走)감옥은 홋카이도(北海道) 개척의 역사와 깊은 관련이 있다. 원래 홋카이도(北海道)는 에조치(蝦夷地)라고 불리웠고, 가마쿠라(鎌倉)시대에는 죄인을 에조섬(蝦夷島)으로 유배를 보낸 것으로 보아 생활환경이 매우 열악한 곳이었음을 알 수 있다. 이후 에도(江戸)시대에 걸쳐 선주민인 아이누족의 문화가 지배하고 있었는데, 1590년(天正18) 도요토미히데요시(豊臣秀吉)가 가키자키요시히로(蠣崎慶広)를 에조도주(蝦夷道主)로 인정하였고, 나중에 그는 마쓰마에(松前)씨로 성을 바꾸게 되는데, 에도(江戸)시대 이후의 홋카이도(北海道) 역사를 간단히 정리해보면 다음과 같다.

1604년(慶長9) : 가키자키요시히로(蠣崎慶広)가 도쿠가와이에야스(德川家康)에게 마쓰마에번주(松前藩主)로 인정 받음.

1669년(寬文9) : 마쓰마에번(松前藩)의 불공평한 교역 방침에 반대한 아이누족 샤쿠샤인(シャクシャイン)이 일으킨 봉기로, 총으로 무장한 마쓰마에번(松前藩) 세력에 의해 제압당하고, 이후로 마쓰마에번(松前藩)의 아이누족 착취가 심해짐.

17

1678년(延宝6) : 에사시(江差)의 히야마(檜山)항을 개설함.

1716년(享保1) : 이시카리바쇼(イシカリ場所)請負제도가 활발해짐.[3]

1740년(元文5) : 마쓰마에번(松前藩), 막부의 명령으로 수입품과의 교역물을 나가사키(長崎)로 보냄.

1754년(宝暦4) : 막부, 구나시리섬(国後島)에서 아이누와의 교역을 시작함.

1778년(安永7) : 러시아선, 네무로(根室)에 내항하여 교역을 제안함.

1783년(天明3) : 에도(江戸) 의사인 구도헤이스케(工藤平助)가 『아카에조후세쓰코(赤蝦夷風説考)』를 간행함.

1784년(天明4) : 에사시(江差)지방에서 청어잡이 불황.

1785년(天明5) : 막부, 에조치(蝦夷地)조사단을 파견함.

1798년(寛政10) : 곤도주조(近藤重蔵), 에토로후섬(択捉島) 도항후 귀로에 도카치(十勝)를 통과함.

1800년(寛政12) : 이노타다타카(伊能忠敬), 히가시에조치(東蝦夷地)를 측량함.

1802년(享和2) : 막부, 에조(蝦夷, 후에 하코다테[箱館] · 마쓰마에[松前])에 부교(奉行)를 설치함.

1804년(文化1) : 막부가 대외 경계를 위해 에조산칸지(蝦夷三官寺)를 창건함.

---

3 이시카리바쇼(イシカリ場所)란, 이시카리가와(石狩川)와 그 지류에 설치된 바쇼(場所, 교역을 행하는 범위)를 말한다. 당시 이시카리(イシカリ)는 아이누인이 많이 거주하고 있었다. 이시카리바쇼(イシカリ場所)의 시작은 이시카리가와(石狩川) 유역의 아이누 족장과 마쓰마에번(松前藩)으로부터 지교(知行)로서 권리를 인정받은 번사(藩士)와의 교역에서 비롯되었다.

1807년(文化4) : 막부가 에조(蝦夷)를 직할지로 삼고 마쓰마에한(松前藩)을 오슈(奧州)로.

1809년(文化6) : 마미야린조(間宮林蔵), 마이야(間宮)해협을 발견.

1821년(文政4) : 막부, 에조치(蝦夷地)를 마쓰마에한(松前藩)에 반환.

1855년(安政2) : 하코다테(箱館) 개항, 러일화친조약.

1869년(明治2) : 開拓使 설치. 에조치(蝦夷地)를 홋카이도(北海道)로 개칭함.[4]

혼슈(本州)와 다른 홋카이도(北海道)의 혹심한 자연조건과 봉건사회의 고정적인 체제로 인하여 에도시대의 에조치(蝦夷地)에는 개척의 손길이 거의 미치지 못하였고, 간세이기(寬政期, 1789~1801) 이후 막부가 두 번에 걸쳐 에조치(蝦夷地)를 직할로 삼아 개척의 시초를 시도한 것은 북방 러시아의 세력에 대한 경계를 위해서였다. 위의 연표에서 보듯이 당시 마쓰마에번(松前藩)의 경제는 원주민 아이누와의 교역에 의해 유지되었는데, 나중에는 어장 경영을 차지한 상인들이 득세함으로써 아이누족은 노동력을 착취당하고 삶이 피폐해졌다. 이처럼 어업을 목적으로 한 개척은 메이지(明治) 이후 농업을 중심으로 하면서 내륙으로 전개되었고, 1869년의 홋카이도개척사(北海道開拓使)와 1886년의 홋카이도청(北海道庁)이 설치되면서 정부 주도의 개척사업이 궤도에 오르게 되었다.

농경지 확대와 더불어 광산 수산 임산 자원이 개발되면서 메이

---

4 浮田典良 外2人 監修(1996)『日本地名大百科』, 小学館, p.1045 참조함.

지(明治)유신까지의 순수 일본인(和人)의 거주지는 대개 섬 남부인 하코다테(函館)부근에서 구마이시(熊石)를 잇는 지역에 한정되었고 그 외의 에조치(蝦夷地)에는 해안선과 하천을 따라 아이누의 集落과 漁場이 주를 이루었다. 메이지(明治)유신 전후의 홋카이도(北海道) 인구는 아이누가 약 2만 명, 순수 일본인이 약 10만 명으로 추정되는데, 메이지(明治)유신과 더불어 홋카이도(北海道)라는 명칭으로 바꾼 정부는 대대적인 개척사업을 시행하게 된다. 가장 중요한 동기는 일본 근대화를 위한 자원의 획득과 농촌에서 유출된 인구를 수용하기 위해서였는데, 홋카이도(北海道) 개척사업의 특징을 요약하면, 국가 주도로 진행된 점과 재래 기술을 지닌 이주농민과 원주민인 아이누가 큰 역할을 했다는 점이다.[5]

그 현장에는 무명의 많은 희생자도 존재했는데, 그 중의 하나가 죄를 저지르고 투옥된 囚人들이었고, 대표적인 것이 아바시리(網走)형무소의 죄수들이었다. 1868년에 시작된 보신(戊辰)전쟁[6]에서 막부군은 막부토벌파에게 패하고 이후 막부토벌파는 메이지(明治)정부 수립과 함께 친정부절대주의관료로서의 지위를 확고히 하면서 천황제 국가 형성에 결정적 역할을 하게 된다. 한편 전쟁에서 패한 舊 막부군 士族의 일부는 돈덴헤이(屯田兵)[7]이란 이름으로 홋카이도

---

5 国史大辞典編集委員会編(1996)『国史大辞典』, 吉川公文館, p.750 참조.

6 1868년(慶応4) 1월3일의 도바(鳥羽)·후시미(伏見)의 싸움에서부터 1869년(明治2) 5월18일의 고료카쿠(五陵郭)의 싸움에서 에노모토타케아키(榎本武揚) 등이 항복하기까지의 막부토벌파와 구막부군과의 전쟁.(高柳光寿·竹内理三編(1986)『日本史辞典』, 角川書店, p.873)

7 돈덴헤이(屯田兵)는 홋카이도(北海道)에 배치되어 농업을 겸직한 병사를 말하는데, 1874년에 돈덴헤이(屯田兵)제도가 제정되어 사족수산(士族授産)의 일환

(北海道) 개척에 보내지기도 했다. 당시 개척사업과 더불어 홋카이도 (北海道)는 못가진 자들에게는 기회의 땅이기도 했지만, 혹심한 추위의 땅을 개척하는 일은 목숨을 담보로 하는 위험하고도 가혹한 노동이기도 했다. 그렇기 때문에 전쟁에 패하거나 재해로 토지를 잃은 자들이 개척에 투입되었고, 더불어서 정부는 죽어도 별 수 없는 목숨으로 여겨진 囚人들을 동원하고자 계획했다. 이러한 비인간적인 목적 하에 홋카이도(北海道)의 최북단에 설치된 것이 바로 아바시리(網走)형무소이다.

3. 아바시리(網走)형무소의 역사와 특징

아바시리(網走)형무소는 법무성 교정국 삿포로(札幌)교정관구에 속해 있는 형무소로서 수용분류급B(재범자, 폭력단구성원으로 집행형기 10년 이하) 수형자의 단기수용을 목적으로 하는 형사시설이다. 일본 최북단인 홋카이도(北海道) 아바시리시(網走市)에 위치하고 있고, 총면적 1700ha의 일본에서 가장 넓은 부지를 지닌 형무소이다. 囚人들에 의한 농경 축산 임업 목공 등 刑務作業에 의해 생산활동이 이루어지고 있고, 생산품들은 자급용이나 관광상품으로 상당한 인기를 끌고 있기도 하다. 형무소 개설로부터 지금까지의 연혁을 정리하면

으로서 士族을 모집하여 홋카이도(北海道)의 방비와 개척을 행한 것이다. 1890년부터는 일반 평민으로부터도 모집하여 1899년까지 계속되었는데, 37兵村에 7337戶가 동원되었고, 홋카이도(北海道)개척에 중요한 역할을 한 것으로 알려져 있다.(高柳光寿・竹内理三編(1986), 前掲書, p.700)

다음과 같다.[8]

1890년(明治23) : 「釧路監獄署網走囚徒外役所」로서 개설. 그후 「網走囚徒宿泊所」로 개칭.

1891년(明治24) : 「釧路集治監網走分監」에서 「北海道集治監網走分監」으로 개칭하고 독립된 集治監이 됨. 중앙도로 개통.

1894년(明治27) : 囚人사역 폐지.

1896년(明治29) : 屈斜路外役所 설치.

1897년(明治30) : 일시적으로 폐감함.

1898년(明治31) : 北海道集治監分監出張所 재설치.

1901년(明治34) : 北海道集治監釧路分監이 폐지되고 網走分監이 뒤를 이음.

1903년(明治36) : 「網走監獄」로 개칭함.

1909년(明治42) : 산불의 引火로 거의 燒失됨.

1912년(明治45) : 복구공사 완료.

1922년(大正11) : 「網走刑務所」로 개칭함.

1984년(昭和59) : 철근콘크리트 구조의 감방(난방완비) 건설.

2006년(平成18) : 신거실동 완성.

우선 명칭 면에서 보면, 1890년에 처음으로 「釧路監獄署網走囚徒外役所」로 개설한 후 몇 번의 개칭을 거쳐 1903년에 「網走監獄」,

1922년에 「網走刑務所」가 되어 오늘에 이르고 있음을 알 수 있다. 일본 최북단인 홋카이도(北海道)의 아바시리(網走)에 감옥이 만들어지게 되었는지, 그 이유를 크게 두 가지로 정리해보자면, 하나는 막부시대에서 근대국가로 넘어가면서 발생한 정치적 상황 때문이었고, 또 하나는 홋카이도(北海道) 개척사업 때문이었다고 할 수 있겠다.

먼저 정치적 상황을 보면, 메이지유신(明治維新) 이후의 일본은 정치적으로 불안정한 상황이었고, 거듭되는 불평 士族들의 반란으로 인하여 국사범과 정치범이 급증하였기 때문에 기존의 형무소의 수용은 포화상태여서 사법시스템의 개혁이 요구되었다. 즉 막부시대처럼 흉악범을 모두 斬首刑[9]으로 다스리는 비인도적 처벌에 대신해서 감옥에 수용하는 시스템이 요구됨으로써 이들을 수감할 시설의 확충이 필요하였던 것이다.

두 번째로, 메이지(明治) 신정부가 들어서면서 서구열강과 어깨를 나란히 하기 위해서는 부국강병이 필요했고, 홋카이도(北海道)가 러시아와 근접해있기 때문에 러시아의 위협에 대비해야 했었다. 不凍

---

9 斬首刑은 사형 가운데 목을 베어 죽이는 형벌이다. 마지막 斬首刑을 당한 사람은 1879년(明治12)의 다카하시오덴(高橋お伝)으로 알려져 있는데, 사실과 다르다. 1882년(明治15) 1월1일에 新律綱領・改定律例에 대신해서 舊刑법이 시행되기까지 斬首刑에 처해진 여성이 1880년(明治13)은 8명, 1881년(明治14)은 7명 있다. 또한 오덴(お伝)이 사형 집행된 해는 그녀를 포함해서 14명의 여성이 斬首刑을 당했다. 따라서 다카하시오덴(高橋お伝)은 마지막으로 斬首된 女囚가 아니라, 정확하게는 마지막으로 斬首된 女囚로부터 세어서 16번째부터 29번째 사이에 斬首된 女囚가 된다. 그녀는 가나가키로분(仮名垣魯文)의 다카하시오덴야샤모노가타리(高橋阿伝夜刃譚)의 모델이기도 한데, 메이지(明治)의 독부라고 불렸지만 사실은 독부가 아니었고, 살인행위는 상대방에게 잘못이 있었다고 한다. 참고로, 남성을 포함하면 마지막으로 斬首刑에 처해진 것은 1881년(明治14) 12월 30일에 돗토리현(鳥取県)에서 斬首刑의 판결이 내려진 도쿠다테쓰오(徳田徹夫)로, 죄명은 그를 포함한 6명의 일당이 1명을 죽인 강도살인이었다.

港을 원해서 남하정책을 취하던 러시아는 일본 정부에게 있어서 위협일 수 밖에 없었고, 따라서 정부로서도 홋카이도(北海道)의 개척 사업은 시급한 일이었다.

이러한 목적으로 1881년(明治14)에 監獄則을 개정하여 徒刑 流刑 懲役刑 12년 이상인 자를 구금하는 集治監을 홋카이도(北海道)에 설치하고 죄수들을 노동력으로서 사역시켜 홋카이도(北海道)의 방비와 개척을 수행하는 정책을 취했다. 그리하여 위 표에서 보듯이 1890년(明治23)에 중앙 도로 개척공사를 시행하기 위해 죄수들을 구시로(釧路)集治監에서 아바시리(網走)로 대이동시켜 網走囚徒外役所를 개설한 것이다. 초창기 囚人의 수는 1392명이었는데 그 중 3할 이상이 무기징역이었고 나머지 죄수도 징역 12년 이상의 중죄인들이었다. 중앙도로공사는 1891년(明治24)의 겨우 1년의 기간에 아비시리(網走)에서 기타미토게(北見峠)까지 약 160km가 개통되었는데, 가혹한 노동조건에 의한 變死와 영양실조가 속출하여 사망자가 200명 이상에 달했다. 그러자 1894년(明治27)에 죄수들의 사역에 대해 '과연 죄수라고 해서 이중으로 형벌을 과하는 것이 합당한가' 라는 문제가 제기되어 사회문제가 됨으로써 폐지되었지만, 민간인이나 외국인에 대한 '다코베야노동(タコ部屋労働)'은 다이쇼(大正) 쇼와(昭和)시대까지 계속되었다.

4. 아비시리(網走)감옥의 囚人과 조선인 징용자의 참상

위에서 살펴본 바와 같이 홋카이도(北海道) 개척 배후에는 아바시리(網走)형무소 囚人들의 가혹한 노동 착취가 있었는데, 그 외에도 강제 징용된 조선인들의 참상이 있었음을 간과해서는 안 될 것이다.

초창기 홋카이도(北海道) 북부 오호츠크해 연안은 혹한의 추위와 流水에 둘러싸여 여름철의 어장 개장 이외에는 별다른 산업을 영위하기 어려운 불모지로서 미개척의 상태로 남아 있었다. 이처럼 생활하기 어려운 환경의 땅에 감옥이 들어서게 된 것도 바로 개척에 투입할 노동력이 필요했기 때문인데, 몇 가지 사례를 통해 그 참상을 살펴보기로 하겠다.

1) 빨간 옷을 입은 죄인들의 숲
– 박물관 아바시리(網走)감옥의 영상 내용 요약[10]

120년 전(1890년) 미개척지인 홋카이도 아바시리에서 아사히카와까지 도로를 개통한 역사적인 사실. 메이지 정부는 전국에서 1200명이 넘는 중죄수를 작은 어촌 마을인 아바시리에 모았습니다.

러시아 제국에 대한 방위 목적으로 군사용 중앙도로 건설을 명하였습니다. 원생림을 가로지른 220킬로미터의 거리, 다음 해인 1891년 4월에 공사를 시작하여 그해 겨울의 개통을 위해서는 보통 작업의 4배가 요구되었습니다. 죄수들의 작업은 이른 아침부터 한밤중까지, 화톳불을 피우면서 작업을 계속했습니다.

중노동에 참기 힘든 죄수들은 몇 번이나 탈주를 시도했습니다.

---

10 박물관 아바시리(網走)감옥의 홍보영상물(필자 촬영일: 2017.8.29.)

그러나 식료가 손에 들어오지 않아 결국은 가혹한 현장에 다시 돌아오지 않을 수 없었습니다. 아바시리를 떠나면서 충분한 영양을 확보하지 못한 죄수들의 몸은 점점 쇠약해졌습니다. 많을 때는 1일에 8명의 희생자를 냈습니다. 죽은 죄수를 매장할 여유도 없었습니다. 긴 도로 옆에 묻혀버린 죄수들의 시체.

그해 연말에 계획대로 220km의 중앙도로가 개통하였습니다만, 6명에서 한 명이, 실제로 200명 이상이 목숨을 잃었고 간수들도 많이 희생되었습니다. 개통으로 둔전병이 이주하여 개척이 비약적으로 진행된 홋카이도. 당시 간수가 했던 말이 지금도 남아 있습니다. 「나는 말하고 싶다. 홋카이도의 개척의 반은 죄수에 의해서 이루어진 것이다」

아바시리 형무소내의 기타야마(北山) 묘지에는 개척의 주춧돌을 쌓아 올린 사람들의 영혼이 조용하게 잠자고 있습니다. 아바시리 감옥 개설 120년을 맞이하여 희생된 분들에게 애도의 뜻을 표합니다.

2) 사로마베쓰강의 堤防에는[니쿠라가와(仁倉川)] 아바시리(網走)감옥 수형자의 땀과 피와 눈물이 스며있다[11]

사로마베쓰강(サロマベツ川, 佐呂間別川))은 니쿠라가와(仁倉川)를 지류로 하고 있고, 홋카이도(北海道) 도코로군(常呂郡) 사로마초(佐呂間町)를 흐

---

11 室井四郎 サロマベツ川堤防には「仁倉川」網走監獄受刑者の汗と血と涙が染み込んでいる / 원문 필자 번역 https://www.town.saroma.hokkaido.jp/shoukai/files/07syouwa006.pdf (閲覧日:2022.01.03)

르는 강인데 주민들에게는 물류와 농사에 중요한 역할을 해왔다. 쇼와(昭和) 초기까지는 제방이 없어서 홍수가 나면 강이 범람하여 큰 수해를 입었던 지역인데, 제방을 쌓는 공사에 얽힌 증언을 간추리면 다음과 같다.

쇼와(昭和)6년의 대냉해로부터 救農 토목사업으로서 사로마베쓰강 築堤 공사가 거론되었고 7년부터 강 입구부터 착공되었다. 그러나 당시는 쇼베르(ショベル, 삽의 일종) 도록코(トロッコ, 인력으로 밀어서 화물을 운반하는 화물열차) 바소리(馬橇, 말이 끄는 썰매) 등에 의한 공법으로 능률이 오르지 않았고, 또한 노동자도 부족했던지 쇼와(昭和)12년 공사는 니쿠라(仁倉)5호-6호 부근까지 진행되었을 때 아바시리(網走) 형무소로부터 죄수들이 파견되어 사역하게 되었다.

쇼와(昭和)12년 봄 니쿠라(仁倉)9線의 6호 교차점의 남동 100미터 부근에 임시 獄舍가 지어졌고, 빨강 파랑의 죄수복을 입은 수형자 100명 정도가 옮겨 왔다. 수형자는 2명씩 1조로 허리와 허리를 2미터 정도의 쇠사슬로 연결된 채 貨車를 미는 작업을 했는데, 경사면의 속도가 너무 빨라 크게 다칠 위험 속에 종일 간수의 감시를 받으며 흙을 쉴새 없이 퍼담고 무거운 貨車를 미는 가혹한 일을 했다.

어느 날[쇼와(昭和)13년 10월경] 열심히 貨車에 짐을 싣는 작업 중이었는데 갑자기 화산재의 기리하(切り羽)[12]가 무너져 내렸다. 순식간의 일로, 한 사람이 피하지 못하고 무너져 내린 화산재 밑에 생매장이

---

12 터널 공사, 광석 채굴 현장 등에서 파들어가는 갱도의 맨 앞. 기리바(切り場)라고 도 함.(日本大辞典刊行会 編(1980)『日本国語大辞典第三巻』, 小学館, p.936)

되었고, 황급히 파내서 구출했지만 이미 숨이 끊어져 있었다.

또한 겨울이 되면 눈이 쌓인 가운데 공사가 계속되었기 때문에 매우 힘들었다. 어떤 속옷이 지급되었는가 하면 본토에서 보내진 사람도 있었을 텐데 홋카이도(北海道) 겨울의 혹한 속에서 견디지 못하고 흙 채취장 근처의 산림에서 마른 나무를 짊어지고 와서 지핀 불에 손을 쬐면서 추위를 달래는 모습도, 죄수의 몸이라고는 하지만 불쌍했다. 이렇게 해서 쇼와(昭和)14년 10월까지의 2년 반에 걸친 죄수들의 강제적 중노동에 의해 연 2500미터에 달하는 사로마베쓰강(サロマベツ川)의 지류인 니쿠라가와(仁唱川)의 제방이 완성된 것이다.

[文責 室井四朗]

3) 유모선(湧網線)[13] 건설에 조선인 다코노동(タコ労働)[14]

◎ 홋카이도(北海道) 건설과 감방

메이지(明治)정부의 지령으로 홋카이도(北海道) 개발을 서둘렀기 때문에 囚人들의 희생이 컸고, 악덕 청부업자들의 심한 이익 수탈로 다코노동(タコ労働)에 의해 공사가 행해졌다.

공사 현장 부근에서 고용한 노동자를 지코(地雇) 다른 데서 고용한

---

13 일본 국유철도(国鉄)가 운영한 철도 노선. 홋카이도(北海道) 몬베쓰군(紋別郡) 가미유베쓰초(上湧別町)의 나카유베쓰역(中湧別駅)에서 나요로혼선(名寄本線)에서 分岐하여 사로마호(サロマ湖) 오호쓰쿠해(オホーツク海) 노토로호(能取湖) 아바시리호(網走湖)의 연안을 통과하여 아바시리시(網走市)의 아바시리역(網走駅)에 이르는 노선이었는데 1987년에 全線이 폐지되었다.
14 室井四郎「湧網線建設に朝鮮人タコ労働」/ 원문 필자 번역 https://www.town.saroma.hokkaido.jp/shoukai/files/07syouwa006.pdf (閲覧日: 2022.1.3)

자를 다코(他雇)라고 불렀다는데, 다코(タコ)의 대부분은 도쿄(東京) 등 혼슈(本州)방면에서 알선업자라 불리는 인신매매자가 달콤한 미끼로 유혹하거나 유괴하여 처음부터 착수금 여비 식대 등으로 거액의 빚을 떠안기고 홋카이도(北海道)로 데려와서 매우 가혹한 강제 중노동을 시켰던 것이다.

모두 속은 것을 알아챘을 때는 이미 어두침침하고 악취로 가득찬 감방에 갇혀 있었고 지참금도 모두 강제로 맡겨져, 도망치려 해도 보가시라(棒頭)라고 불리는 여러 명의 험악한 남자가 시코미즈에(仕込杖)[15]로 위협하면서 감시를 하고 있다. 방 중앙에는 1미터 정도의 통로를 두고 양측에 통로 쪽을 머리맡으로 하여 몸이 닿을 정도로 비좁게 나란히 누워 잔다. 변소도 방구석에 파놓은 便槽에 판자를 5장 정도 늘어놓아 만든 것이기 때문에 항상 변손 안에 있는 것과 마찬가지다. 밤에는 입구를 엄중히 자물쇠로 채워놓아서 밖으로 나갈 수 없었고 절대로 도망칠 수 없게 되어 있다. 베개는 가늘고 긴 하나의 통나무인데 모두 통나무에 머리를 얹고 자다가 아침이 되면 보가시라(棒頭)가 큰 도끼 등으로 통나무 끝을 힘껏 두드리면 피곤해서 아무리 깊이 잠들었어도 놀라 벌떡 일어나게 된다.

당시 흙 공사는 쇠스랑과 삽과 목코카쓰기(モッコ担ぎ)[16]였는데 처음 경험하는 중노동이어서 이삼일만 지나면 어깨가 짓무르고 껍질이 벗겨져서 피가 솟아나고 팔다리와 온몸이 아파서 아침에 일어날 수 없

---

15 시코미가타나(仕込み刀)의 일종으로 刀劍을 지팡이처럼 위장한 무기.
16 「목코(モッコ)」는 새끼줄이나 대나무 넝쿨줄기를 그물처럼 엮어 만든 삼태기의 일종으로, 「목코카쓰기(モッコ担ぎ)」는 두 사람이 봉으로 목코(モッコ)를 매달아 어깨에 짊어지고 나르는 운반 도구.

을 정도였다. 고통스러워하고 있으면 호통과 채찍이 날아들었고, 체력이 없는 자는 쓰러지거나 병이 들어도 치료를 받지 못해 움직일 수 없게 되면 현장의 흙더미 속에 묻었다고 한다, 가미카와(上川)지방의 民話에 '枕木 하나에 다코(タコ) 한 사람(枕木一本にタコ一人)'[17]이란 말이 전해오고 있고, 당시의 감방에 '쓰고 죽이기(使い殺し)'라는 말이 태연하게 사용되었다고 한다.

◎ 국철 유모선(湧網線) 건설에 조선인 다코노동(タコ労働)

메이지다이쇼(明治大正)시대에 건설된 철도는 대부분이 잔혹한 다코(タコ) 노동자의 희생에 의해 시공되었다고 하는데, 쇼와(昭和)10년경이 되어 비인도적 감방은 점차 모습을 감추고, 더불어 전쟁 돌입 후에는 징병이나 군사 체제로 상황이 바뀌어, 노동자 부족해지자 조선인 강제 징용으로 눈을 돌렸다.

국철 유모선(湧網線)은 쇼와(昭和)8년에 아바시리(網走)에서, 同 9년에 나카유베쓰(中湧別)에서, 각각 착공되었고, 아비시리(網走)-도코로(常呂)사이, 나카유베쓰(中湧別)-사로마(佐呂間)사이가 각각 同 11년10월에 개통되어 영업을 시작했다. 다음에 사로마(佐呂間)-도코로(常呂) 사이가 쇼와(昭和)11년 7월에 착공되어 同 15년 7월에 노반 공사가 끝났는데, 이 공사에는 조선인이 就勞하였던 것이다.

니쿠라(仁倉)5호선 부근인 도도하마사쿠마(道道浜作間)-루베시베선(留辺蘂線)의 좌측 10미터 정도의 곳에 당시의 다코베야(タコ部屋)[18]의 흔

---

17 枕木은 선로 아래에 까는 통나무를 말하므로, 선로의 枕木 하나를 까는데 다코(タコ) 노동자 한 사람의 희생이 있었다는 의미로 보임.

적이 지금도 남아 있다. 근처에 사는 노인의 말에 의하면, 앞면 5.5미터 내부 13미터의 판자벽 건물에 튼튼한 격자무늬의 창살을 붙인 한바(飯場)[19]를 짓고 그 안에는 23명의 조선인 다코(タコ)가 있었는데, 현장에서 돌아와 잘 때까지 커다란 호통소리가 들려서 매우 무서웠고, 다코베야(タコ部屋) 근처의 밭에 가는 것도 무서웠다고 한다.

매일 중년의 조선인 여자가 조그만 양동이로 물을 푸러 왔는데, 그렇게 소량의 물로는 밥을 지을 수가 없을 거라고 하니, 작은 목소리로 '이것은 오야카타(親方, 우두머리)나 보가시라(棒頭, 인부의 우두머리)의 취사나 차를 끓이는데 쓰는 물이고, 모든 사람의 취사는 집 앞의 습지에 구멍을 파고 장구벌레가 떠다니는 고인 물로 밥을 짓는다고 하면서, 다른 사람에게 말하면 내가 죽는다고 덧붙이는 것이었다.

그 다코베야(タコ部屋)로부터 200미터 쯤에 사로마베쓰강(サロマベツ川)이 흐르고 있고 거기에서 300미터 쯤 되는 하류의 강변 오두막에 기노하라(木原)라고 하는 노인이 조각배로 물고기를 잡거나 부탁받으면 강을 건네주기도 하면서 살고 있었다. 어느 날 고통에 견디다 못해 다코(タコ) 한 사람이 도망쳐 와서 도와달라고 애원했다. 노인은 의협심에서 즉시 배를 띄우고 강 건너편으로 도망가게 해주었는데, 지리도 지형도 모르는 異國人이 맨몸이나 다름없는 모습으로 도망치기에는

18　蛸部屋. 제2차세계대전 前, 홋카이도(北海道)나 가라후토(樺太)의 탄광에서 보이던 한바(飯場)제도. 노동자를 한바(飯場)에 수용하고 중노동을 강제한 것. 한바(飯場)에 들어가면 다코쓰보(蛸壺, 문어잡이항아리)의 문어처럼 빠져나가지 못한다는 의미에서 유래.(日本大辞典刊行会(1980)編『日本国語大辞典第七巻』, 小学館, p.20)

19　광산이나 토목·건축공사의 현장 부근에 설치된 노동자의 합숙소.(日本大辞典刊行会(1980)編『日本国語大辞典第八巻』, 小学館, p.1267)

역부족이어서 결국 붙잡혀서 본보기로 잔인한 일이 벌어지고 말았다고 한다.

쇼와(昭和)15년 7월, 유모선(湧網線)의 사쿠마(佐久間)－도코로(常呂) 구간이 이러한 조선인의 가혹한 강제 노동에 의해 노반공사가 완성되었다는 사실을 기록으로 남긴다.

[文責 室井四朗]

이상의 사례는 극히 일부임에도 불구하고 홋카이도(北海道) 개척에 아바시리(網走)감옥의 囚人과 조선인 강제 징용 노동자의 희생이 얼마나 컸는지를 잘 보여주고 있다.[20] 홋카이도(北海道) 개척의 반은 죄수들에 의해 이루어졌다는 어느 간수의 표현이 과장으로 느껴지지 않을 만큼 그들의 고생은 이루 말할 수 없었다. 특히 혹독한 추위와 같은 험한 자연환경과 싸워야 했고, 인간 대접을 받지 못한 열

---

20 아바시리(網走) 감옥을 여행한 어느 블로거의 글에도 조선인의 참상에 대해 언급되어 있어서 소개하고자 한다. '홋카이도(北海道)는 囚人뿐만 아니라 강제 연행된 朝鮮人도 가혹한 노동에 끌려가 많은 사람이 목숨을 잃었다는 것을 홋카이도(北海道)와 인연이 생긴 후에 알았습니다. 조선인끼리는 "도망치려거든 띠지붕의 집을 향해서 가라"라는 말을 서로 했다고 하는데, 그것은 아이누의 십인 지세(チセ)를 말한다. 아이누는 조선인을 숨겨주었다고 하는데, 아이누와 조선인이 친해진 예도 들었습니다. 나의 지인인 히라토리(平取)의 아이누 여성은 어머니쪽이 아이누, 아버지쪽이 조선계라고 했습니다.(北海道は、囚人だけでなく、強制連行された朝鮮人も過酷な労働に駆り出され、大勢が命を落としたということを、北海道に縁ができてから知りました。朝鮮人は「逃げるなら茅葺の家を目指せ」と言い合っていたのだそうで、それは、アイヌの家、チセのこと。アイヌは朝鮮人をかくまってくれたそうで、アイヌと朝鮮人が親しくなる例もあったと聞きます。私の知人の平取のアイヌ女性は、母方がアイヌ、父方が朝鮮系だと言っていました。)' YahooJAPAN「ゆこまるブログ」https://yukomaru.blog.fcz.com/blog-entry-2148.html?sp&m2=res (閲覧日: 2022.1.03)

악한 생활환경 속에 살며 변변치 않은 도구에 의존한 중노동에 목숨을 위협 당했다. 일본인뿐만 아니라 조선인 강제 징용 노동자도, 무로이(室井)가 국철 유모선(湧網線) 건설 사례에서 증언으로 남겼듯이, 다코노동(タコ労働)이라 불리는 강제 수용 노동을 착취당하고 인간 이하의 삶을 살다가 결국 죽음에까지 이르고 있어, 당시의 말할 수 없는 서벌턴의 존재가 얼마나 비참했는지를 생생히 말해주고 있다.

5. 문화권력과 아바시리(網走)형무소

일본에서 아바시리(網走)라고 하면 형무소를 떠올릴 만큼 아바시리(網走)형무소가 유명해진 것은 몇 가지 이유가 있을 것이다. 그중 하나는 쇼와(昭和)40년에 도에이(東映)가 제작 보급한 영화 '아바시리 반가이치(網走番外地)'의 영향인데, 원래는 1956년에 이토하지메(伊藤一)가 자신의 형무소 복역 경험을 바탕으로 쓴 소설『아바시리반가이치(網走番外地)』가 원작이다. 다카쿠라켄(高倉健)이 주인공인 다치바나신이치(橘真一)의 역을 맡아 연기하였는데, 추운 겨울날 아바시리(網走)형무소에 수감된 후 형무소 생활과 탈옥의 과정을 그리고 있다. 이 영화는 이후로도 여러 차례 시리즈물과 후속편들로 제작되었는데 그만큼 인기가 있었다는 것을 말해준다.[21] 따라서 지금도

---

21 아바시리(網走)감옥과 관련하여 다음과 같은 영화들이 있다. 昭和25年 愛と憎しみの彼方へ昭和28年 北海の虎 昭和34年 網走番外地(小高雄二主演) 昭和35年 地

아바시리(網走)라고 하면 형무소를 떠올리게 되는 것도 바로 영화의 영향이 크다고 하겠는데, 이 또한 문화가 지닌 힘이라고 할 수 있을 것이다.

또 하나의 이유는 아바시리(網走)형무소가 '박물관 아바시리(網走) 감옥'으로 재탄생하여 관광 명소가 된 점이다. 1973년(昭和48)에 아바시리(網走)형무소의 개축 계획이 공표되자 메이지(明治)시대의 귀중한 옛 건축물들이 사라지는 것을 우려한 사토히사시(佐藤久)는 옛 형무소 건축물의 일괄 이축 보존 사업을 시작하였고, 호무쇼(法務省) 홋카이도(北海道) 아바시리시(網走市)와 같은 관련 기관의 지원을 받아 1980년(昭和55)에 박물관을 재단법인으로서 설립허가를 받게 되었다. 그리고 1983년(昭和58)에 '아바시리(網走)형무소의 구 건축물을 문화재로서 보존함과 동시에 홋카이도(北海道)에 있어서의 근대적 行刑자료를 널리 공개 전시하는 사업을 행하고 교육문화의 발전에 기여하는 목적'하에 개관을 해서 오늘에 이르고 있다.[22]

원래 형무소는 일반인들이 기피하는 시설이고 그렇기 때문에 형무소 앞에 지명 아바시리(網走)를 붙여 부르는 것에 반대한 지역 주

の涯に生きるもの 昭和36年 人間の条件・完結編 昭和36年 手錠にかけた恋 昭和37年 大氷原 昭和40年 網走番外地 昭和40年 続・網走番外地 昭和41年 網走番外地・荒野の対決 昭和42年 網走番外地・吹雪の斗争 昭和43年 新・網走番外地 昭和45年 裸の19歳 昭和45年 新網走番外地・吹雪の大脱走 昭和47年 新網走番外地・大森林の決斗 昭和48年 男はつらいよ・寅次郎忘れな草 昭和50年 大脱獄 昭和52年 幸せの黄色いハンカチ 昭和53年 キタキツネ物語 昭和57年 Ｌ・Ｏ・Ｖ・Ｅ・Ｉ・Ｎ・Ｇ 平成13年 刑務所の中 平成14年 スパイ・ゾルゲ 平成23年 大地の詩(https//www.kangoku.jp/kangoku_hiwa11.html 閲覧日: 2022.1.3)

22 博物館 網走監獄 관장 인사말에서 발췌함. (https//www.kangoku.jp/kangoku_hiwa11.html 閲覧日: 2022.1.3.)

민들이 형무소 명칭 변경 청원을 제기했지만 받아들여지지 않아 아바시리(網走)형무소의 명칭이 존속하게 된 사실도 있다.[23]

　이처럼 형무소와 관광지는 서로 어울리지 않을 것 같음에도 불구하고 '박물관 아바시리(網走)감옥'은 인기 있는 홋카이도(北海道)의 관광 스포트가 되었는데, 옛 건물을 비롯한 다양한 역사적 건축물의 견학, 인형으로 재현한 감옥 생활, 감옥의 식사와 다양한 선물 코너 등, 일반 관광지와 비교해도 손색이 없는 매력을 지니고 있다. 　감옥이 지닌 무섭고 혐오스러운 이미지에서 벗어나 친근하게 접근하여 견학하고 체험해 볼 수 있는 곳이 되었는데, 실제로 박물관을 다녀간 여행객들의 반응을 보면, 무서운 이미지와는 달리 넓은 부지와 자연을 통해 해방감과 밝은 분위기를 느끼게 된다고 한다.[24]

23　YahooJAPAN　ウィッキペデイアフリー百科辞典(https://ja.wikipedia.org/wiki/網走刑務所閲覧日: 2022.01.03.)

24　다음과 같은 '박물관 아바시리(網走)감옥' 방문 후기에서도 관광지로서의 좋은 이미지를 읽을 수 있다. '아바시리감옥박물관은 무서운 이미지와 달리 해방적이고 밝은 무드가 있네요. 정원도 멋지고요(網走監獄博物館は怖そうなイメージと違って解放的で明るいムードありますよね。お庭も素敵ですし。)' '아바시리감옥은, 모처럼 휴가 여행인데 그런 데를 갈 것까지는(없지 않을까?) 라고 생각하기 쉽지만, 정원이 아름답게 단장되어 있기도 하고 무엇보다도 과거의 비참한 사실은 분명히 전하면서 현재의 농원형무소라고 하는 개방적인 수감 시스템(어쩐지 표현이 모순되는 것 같지만)으로 이어지도록 전시 내용이 잘 궁리되어 있어서 아주 잘 고안된 장소라고 느꼈습니다(網走監獄は、何も休暇の旅行でそんな所に行かなくても、と思われそうですが、庭をきれいに整えたり、何よりも、過去の悲惨な事実はしっかり伝えたうえで、現在の農園刑務所という開放的な収監システム(って、何だか名辞矛盾のようですが)へとつながるよう、展示内容に工夫をこらしていて、とてもよく考えられた場所だと感じました)'
YahooJAPAN https://yukomaru.blog.fcz.com/blog-entry-2148.html?sp&m2=res(閲覧日: 2022.1.3)

이처럼 형무소가 지닌 부정적 이미지가 친숙하고 인기 있는 장소로 바뀌게 되는 것을 보면서 관광이라고 하는 문화의 힘을 느끼게 된다. 그러나 여기에서 한 가지 주목하고자 하는 점은, 영화나 관광 이라는 문화의 힘에 의해, 홋카이도(北海道) 개척의 희생양이 된 아바시리(網走)감옥의 囚人과 조선인 강제 징용 노동자들의 참상이 가려질 수 있다는 점이다. 즉 아바시리(網走)감옥을 소재로 한 영화가 인기를 얻고 박물관이 관광 명소가 됨으로써 형무소의 부정적 이미지가 사라질수록, 홋카이도(北海道) 개척에 동원된 희생자들의 참상에 대한 인식은 희미해질 수 있음을 우려하는 것이다. 그렇게 되면 문화의 힘에 의해 서벌턴의 참상은 가려지게 되고, 이때의 문화의 힘은 네거티브적 속성의 문화권력으로 변질될 것이다.

6. 맺음말

예로부터 역사의 곳곳에 서벌턴의 참상이 존재해 왔고 그 참모습을 기억하는 것은 오늘을 살아가는 우리에게 교훈이자 의무이다. 하지만 과거를 되돌아보았을 때 참모습이 왜곡된 모습으로 전해지는 경우도 적지 않음을 경험해 왔다. 홋카이도(北海道) 개척에 있어서도 많은 희생자들이 존재해 왔고, 아바시리(網走)감옥의 죄수들과 조선인 강제 징용 노동자들의 참상도 있는 그대로 기억되어야 할 역사이다.

그러나 위에서 살펴본 바와 같이 아바시리(網走)감옥의 경우는 인기 영화와 관광 명소라는 문화적 힘에 카무플라주되어 자칫 홋카이도(北海道) 개척의 희생양이 된 죄수와 조선인 노동자의 참상이 흐려져 가는 것이 우려된다.

실제로, 2015년에 유네스코 세계문화유산에 등록된 군칸지마(軍艦島)와 현재 등록 추진 중인 사도광산(佐渡鉱山)의 경우, 조선인 강제징용 노동자에 대한 진상을 가리고 있어 문제가 되고 있는데, 세계유산이란 명칭을 얻음으로써 대단한 문화적 힘을 발휘하게 될 것이고, 그럴수록 문화유산이란 허상에 조선인 노동자들의 참상은 가려질 것이다.

문화의 힘은 대단한 위력을 지니고 있다. 그러나 그 힘이 왜곡되어 부정적으로 작용하게 되면 문화권력이 될 수 있다. 특히 사회적 약자인 서벌턴에게 있어서 문화권력의 부작용은, 그들의 아픈 상처를 모두의 기억에서 지워버리는 무서운 힘이 될 수 있음을 경계해야 할 것이다.

| 참고문헌 |

문명재 촬영(2017)「빨간 옷을 입은 죄인들의 숲」(博物館網走監獄の弘報映像物, 撮影日: 2017.8.29)

浮田典良 外2人 監修(1996)『日本地名大百科』, 小学館.

奥村華子(2017)「廃墟をめぐるナラティブ─代弁する炭鉱とされる炭鉱─」『日本語文學』77집, 日本語文學會.

高柳光寿・竹内理三編(1986)『日本史辞典』, 角川書店.

国史大辞典編集委員会 編(1996)『国史大辞典』, 吉川公文館.

日本大辞典刊行会 編(1980)『日本国語大辞典第三巻』, 小学館.

_____(1980)『日本国語大辞典第七巻』, 小学館.

_____(1980)『日本国語大辞典第八巻』, 小学館.

Yahoo JAPAN ウィッキペデイアフリー百科辞典「網走刑務所」 https://ja.wikipedia.org/wiki/網走刑務所(閲覧日: 2022.1.3)

博物館網走監獄公式サイト https//www.kangoku.jp/kangoku_hiwa11.html (閲覧日: 2022.1.3)

室井四郎「サロマベツ川堤防には網走監獄受刑者の汗と血と涙が染み込んでいる」 https://www.town.saroma.hokkaido.jp/shoukai/files/07syouwa006.pdf (閲覧日 2022.1.3)

室井四郎「湧網線建設に朝鮮人タコ労働」 https://www.town.saroma.hokkaido.jp/shoukai/files/07syouwa006.pdf (閲覧日: 2022.1.3)

YahooJAPAN ゆこまるブログ https://yukomaru.blog.fcz.com/blog-entry-2148.htm l?sp&m2=res (閲覧日: 2022.1.3)

다문화 공생과 아이누 민족
선주민족 공인과 선주권

김 영 주

1. 머리말

2019년 4월 19일 일본 국회에서 「아이누인들의 긍지가 존중되는 사회 구현을 위한 시책 추진에 관한 법률」[1]이 통과되었다. 이 법률에서 일본 정부는 처음으로 아이누족을 '홋카이도의 선주민족(北海道の先住民族)'으로 명기하였다. 홋카이도 원주민으로서의 정체성과 권리를 되찾기 위하여 사회적 차별 및 편견과 싸워온 아이누족의 노력이 결실을 본 의미 있는 전환점이었다.

---

1 이하 「2017년 법률 제16호」로 약칭.

2005년 6월, 일본 정부는 빠르게 진행되는 세계화에 발맞춰 총무성 소관의 「다문화 공생의 추진에 관한 연구회」를 설치하고, 다문화 공생 사회를 실현하기 위하여 국가 차원에서 대응하기 시작했다. 2006년도 총무성 보고서에 따르면, 「다문화 공생」이란 「국적이나 민족 등이 다른 사람들이 서로의 문화적인 차이를 인정하고 대등한 관계를 구축하면서, 지역사회의 구성원으로서 함께 살아가는 것」[2]을 의미한다. 일본 정부의 다문화 공생 정책은 외국인 유학생과 근로자 등, 급증하는 외국인 주민을 대상으로 시작되었다. 이러한 정책의 방향성은 지금도 변하지 않았으며, 2020년 8월 공개한 보고서에서도 외국인 주민을 중심으로 진행하고 있음을 확인할 수 있다.

그러나 일본 국적을 가진 일본 국민 속에도 이질적 문화는 존재한다. 홋카이도 선주민족 아이누 민족이 대표적 예이다. 그들은 혼슈(本州) 이남과는 구별되는 문화와 인류학적 형질을 지니고 있으며, 이러한 특징 때문에 오랫동안 사회적 차별과 멸시의 대상이 되어 왔다. 일본 사회에 뿌리 깊게 자리 잡은 단일민족론의 영향 아래, 사회적 소수자이며 약자인 아이누 민족은 침묵을 강요당할 수밖에 없었다. 다문화 공생 정책에서도 이들은 대상에서 배제되었다. 그러나 진정한 다문화 공생 사회를 실현하기 위해서는 일본 내부의 소수민족인 아이누 민족에 대해서도 문화의 차이와 권리를 인정하고 사회구성원으로서의 대등한 관계를 구축해야 한다. 그런

---

2 総務省(2006) 『多文化共生の推進に関する研究会報告書』
www.soumu.go.jp/kokusai/pdf/sonota_b5.pdf p.5 (検索日 2021.02.07)

의미에서 「2017년 법률 제16호」는 아이누 민족을 홋카이도 선주민족으로 공인함으로써 선주민족으로서의 아이누의 권리, 즉 선주권을 주장하기 위한 법적 근거를 마련한 의미 깊은 사건이다.

이 글에서는 아이누 민족이 홋카이도의 선주민족으로 공인되기까지의 경위를 분석하면서 다문화 공생 사회 구축에 요구되는 바람직한 방향성에 대해 생각해보고자 한다. 일본 국민 나아가 선주민족의 권리를 찾기 위한 아이누 민족의 투쟁은 일본 정부의 아이누 정책, 다시 말해 아이누 민족 관련 법률과 밀접한 관련성을 가지면서 전개되었다. 따라서 이 글에서는 일본 정부의 대(對) 아이누 민족 정책과 아이누 민족의 권리를 둘러싸고 제기된 주요 소송 사례를 통하여 아이누 민족의 선주권 문제에 대해 생각해보고자 한다.

2. 아이누 민족의 정체성

1) 일본 편입 이전

아이누 민족은 예로부터 홋카이도, 일본 혼슈 북부, 사할린, 쿠릴 열도, 캄차카반도 등지에 널리 분포했으나, 현재는 홋카이도 이외의 지역에서는 대부분 자취를 감추어 홋카이도가 주요 거주지가 되었다.[3]

---

3 国史大辞典編集委員会(2010) Web版『国史大辞典』, 吉川弘文館, アイヌ
   https://japanknowledge.com/psnl/display/?lid=30010zz001190 (検索日 2021.
   02.07)

공익재단법인 「아이누 민족 문화재단」이 제작하여 배포하는 자료에 따르면, 아이누 민족의 조상은 사쓰몬(擦文) 문화를 남긴 사람들로 여겨진다. 홋카이도에 사람이 살기 시작한 것은 약 2만 5천 년 전이다. 이후 약 1만 1천 년 전부터 조몬(縄文) 문화가 시작되었지만, 아한대 기후의 영향으로 본격적인 농경 문화가 정착되지 못했다. 7세기경 토기에 새끼줄 무늬(조몬)를 붙이지 않고 나무 조각으로 표면을 다듬게 되면서 이러한 토기를 사쓰몬 토기라 이름 붙이고, 사쓰몬 토기를 사용하는 사람들의 문화를 사쓰몬 문화라고 부른다. 사쓰몬 문화인들은 12~13세기까지 토기를 사용하면서 고기잡이와 수렵, 채집, 밭농사를 지었다. 13~14세기경이 되자 사할린과 쿠릴열도 등 오호츠크 연안의 오호츠크 문화의 영향이 더해지면서 아이누 문화가 성립되었다. 사람들은 여전히 고기잡이, 사냥, 식물 채집을 생업으로 삼으면서 다른 지역과 교역을 했다.

14세기 와진(和人)[4]은 혼슈 북부의 아이누를 정복하고 15세기부터 홋카이도 남부로 진출하기 시작했다. 「아이누」라는 단어는 원래 신을 뜻하는 아이누어 「카무이」에 대응하는 개념으로 인간을 의미했으나, 이 무렵부터 아이누 민족을 가리키는 표현으로도 사용되기 시작했다. 와진의 출현으로 아이누 민족으로서의 정체성을 자각하게 된 것이다. 아이누 민족은 와진, 즉 현재 일본인의 대다수를 차지하는 이른바 야마토 민족과는 구별되는 외모와 문화를 가

---

4 혼슈를 중심으로 활동하다 15세기 무렵부터 홋카이도로 건너간 사람들을 아이누 민족과 구분하여 부를 때 사용하는 호칭. 일본인의 대다수가 이에 해당한다. (小中学生向け副読本編集委員会, 前掲書, p.1)

지고 있다. 이러한 차이는 오랜 세월 아이누 민족이 일본 사회에서 차별당하는 주된 이유가 되었다. 1869년 일본 정부가 아이누 민족의 섬을 홋카이도로 개명하기 전까지, 일본인들은 이 섬을 오랑캐의 땅이라는 멸시의 의미가 담긴 에조치(蝦夷地)나 에조가시마(蝦夷島) 등으로 불렀다. 아이누 민족은 토인(土人)이라 부르며 경멸하고 차별했다.

혼슈에서 건너간 일본인들은 아이누 민족의 땅에서 모피와 해산물 등을 손에 넣고 무역을 통해서 부를 쌓았다. 그 과정에서 선주민족 아이누와 대립하기 시작했다. 1457년, 지금의 하코다테(函館) 부근에 해당하는 지역에서 아이누 소년이 일본인 대장장이에게 살해되는 사건이 발생했다. 이 사건을 계기로 코샤마인 전투(コシャマインの戰い)가 일어나, 일본인 근거지가 대부분 파괴되었다. 코샤마인 전투를 시작으로 약 100년 동안 아이누 민족과 일본인 사이에 전쟁이 계속되었고, 일본인에 대한 아이누 민족의 반감은 더욱 깊어졌다.

1604년 막부로부터 아이누와의 독점적 교역권을 공인받은 마쓰마에 번(松前藩)은 상인들과 연합하여 아이누 민족을 경제적으로 수탈하기 시작했다. 불공평한 거래조건으로 인해 아이누 민족의 불만은 높아졌고, 1669년 결국 샤쿠샤인 전투(シャクシャインの戰い)로 이어졌다. 전투는 아이누 민족의 패배로 끝났다. 마쓰마에 번은 아이누 민족의 무기를 빼앗고 복종을 강요했다. 1789년 아이누 민족 최후의 항전이었던 쿠나시리・메나시 전투(クナシリ・メナシの戰い)가 진압되자, 홋카이도 모든 지역의 아이누 민족은 마쓰마에 번의 실질적인 지배하에 놓였다. 아이누 민족의 저항은 성공에 이르지는 못했다.

그러나 일본인의 홋카이도 진출 이후, 선주민으로서 자신들의 땅과 권리를 지키기 위해서 끊임없이 저항한 아이누 민족의 투쟁의 역사를 잊어서는 안 될 것이다.

2) 일본 편입 이후

1869년 일본 정부는 아이누 민족이 살던 섬을 새롭게「홋카이도」라고 이름붙이고 일본 영토의 일부로 편입했다. 영토 확장을 노리고 러시아보다 유리한 위치를 차지하려는 조치였다. 마쓰마에 번의 지배를 받던 아이누 민족은 자신도 모르는 사이에 일본 영토에 속한 일본의 국민이 되었지만 일본 정부는 이들을「구토인(旧土人)」이라 칭하며 기존의 일본 국민과 구별했다. 차별은 사라지지 않았고, 오히려 국가적으로 수탈과 차별이 이루어졌다. 새로운 땅을 개척한다는 명목 아래 아이누의 땅을 빼앗고, 문신, 귀걸이, 연어잡이, 아이누어 이름 등 아이누 민족의 전통문화와 관습을 금지하고 일본으로의 동화정책을 강요했다. 땅과 생업을 빼앗긴 아이누인들의 삶은 갈수록 고달파졌다. 1911년 아이누 민족의 삶을 개선하기 위해「홋카이도 구토인 보호법」을 제정하기도 했지만, 근본적인 해결책은 되지 못했다.

이런 가운데 1931년 아이누 민족의 민족단체로서「홋카이도 아이누 협회」가 설립되었다. 태평양전쟁 기간, 아이누 민족을 위해 목소리를 높이던 협회는 결국 해산됐지만, 1946년「사단법인 홋카이도 아이누 협회」가 설립되면서 민족단체의 계보를 이었다. 사단법인 홋카이도 아이누 협회는 「선주민족 아이누의 존엄성을 확립하기 위하여 인종 · 민족에 근거한 모든 장벽을 극복하고, 그 사회적 지위 향상과 문화의 보존 · 전승 및 발전에 기여하는 것」을 목적으로 내걸고 있다. 단체가 제시한 목적은 아이누 민족이기 때문에 직면하고 있는 사회적 차별이 얼마나 심각한 문제인지 우리에게 알려주고 있다. 사단법인 홋카이도 아이누 협회는 아이누 신법 제정운동, 아이누 민족 문화보존운동 등을 주도하며 지금도 열심히 활동하고 있다.

3) 국제사회 속 아이누

아이누족을 향한 국제사회의 관심은 18세기까지 거슬러 올라간다. 당시 서구 열강은 정치적 이유와 인류학적 호기심 등에서 식민지 후보지의 선주민족에게 관심을 두기 시작했다. 극동 진출을 추진하던 러시아도 예외는 아니었다. 1853년 가을 러시아는 70여 명의 병사를 사할린섬 남해안에 상륙시켜 러시아 국기를 게양하고 요새를 구축했다. 이들은 러시아 국내 정세의 영향으로 약 8개월만에 철수했지만,[5] 사할린섬에서 체류한 러시아 병사들이 남긴 기록은 아이누 민족의 생활상뿐 아니라 아이누 민족을 바라보는 러일 양국의 관점을 알 수 있는 좋은 자료가 되고 있다.

　그러나 당시 열강들에게 선주민족은 정복과 호기심의 대상일 뿐

5　ニコライ・ブッセ著、秋月俊幸訳(2003)『サハリン島占領日記1853-54　ロシア人の見た日本人とアイヌ』、平凡社, pp.6-7.

이었다. 선주민족의 인격은 인정받지 못한 채, 만국박람회와 동물원 등에서 살아 있는 구경거리로 취급되기도 했다. 아이누 민족도 1904년 미국 세인트루이스에서 개최된 루이지애나 할양 기념 만국박람회에서 세계 소수민족의 하나로 전시되었다. 홋카이도 니부타니(二風谷) 지역에 살고 있던 아이누 세 가족이 태평양을 건너 약 7개월 동안 박람회 부지에서 생활했다.[6]

이때까지는 아직 선주민족이 국제사회를 향해 자신들의 권리를 요구하지 못했다. 「선주민족의 권리」에 대한 세계적인 관심이 높아진 시기는 1980년대 이후이다. 1982년 국제연맹(UN)에 「선주민족에 관한 실무그룹(Working Group on Indigenous Populations, WGIP)」이 설치되었고, 1993년에는 WGIP의 주도하에 「선주민족의 권리에 관한 국제연맹 선언(Declaration on the Rights of Indop)」의 초안이 결의되었다. 신중한 심의를 거쳐 2007년 9월에 최종 채택된 이 선언에는 민족자결권, 토지와 자원에 대한 권리, 지적재산권 등의 국가가 선주민족에게 보장해야 하는 권리의 기준이 명기되었다.

아이누 민족단체는 1985년부터 WGIP를 비롯하여 선주민족 문제에 관한 상설 포럼(The United Nations Permanent Forum on Indigenous Issues) 등에 적극적으로 참가하면서, 자신들이 홋카이도의 선주민족임을 일관되게 주장해왔다. 국제사회를 향한 이러한 노력이 1997년 제정된 아이누 문화진흥법과 2019년 법률 제16호 제정의 토대를 마련했다.

---

6 최은희(2018)『표상의 정치학 일본 텔레비전 다큐멘터리와 아이누의 표상』, 소명출판, pp.271-316.

3. 일본 정부의 아이누 정책

1) 정복과 배제

15세기 아이누 민족의 땅(홋카이도)으로 진출한 일본인은 철저하게 아이누를 이민족으로 취급하고, 일본인과 분리하는 정책을 취했다. 아이누 민족에게는 일본식 옷차림과 풍속이 금지되었고 가혹한 노동을 강요하며 착취의 대상으로 삼았다. 1853년 사할린에 체류했던 러시아 병사 니콜라이 부세는 당시 아이누와 일본인의 관계를 다음과 같이 기록했다.

> 우리의 사할린 상륙이 일본인의 어업활동에 아무런 손해를 끼치지 않는다는 것을 일본인에게 보여주기 위해서는 이전처럼 아이누를 일본인의 예속 아래 두고, 우리에게 위험하지는 않더라도 아이누의 혐오 대상이 되며, 그와 동시에 사할린의 일본 귀속과 그 주민에 대한 일본인의 완전한 지배를 인정해야 한다. 또한 만약 우리가 섬을 통치하며 아이누를 일본인으로부터 보호하고, 일본인이 아이누를 때리거나 부당하게 싼 급여로 그들을 부려먹는 것을 금지한다면, 이는 일본인에게서 모든 노동자를 빼앗는 것을 의미한다.[7]

니콜라이는 아이누 민족이 처한 가혹한 현실과 일본인으로부터

---

7 ニコライ・ブッセ, 前掲書, p.193.(이하 인용문의 밑줄은 글쓴이에 의함)

의 자유를 원하는 아이누 민족의 요구 등도 기록하고 있다. 아이누의 땅을 둘러싸고 일본과 갈등을 빚고 있던 러시아 측 기록이기는 하지만 당시 일본인들이 아이누 민족을 어떻게 취급하고 있었는지 추측해볼 수 있다.

2) 동화정책 : 홋카이도 구토인 보호법(1899)

1869년 홋카이도의 일본 편입을 계기로 일본 정부의 아이누 민족 정책은 큰 전기를 맞이한다. 영토 확장을 둘러싸고 러시아와의 갈등이 본격화되면서 선주민족 아이누의 중요성이 주목받았기 때문이다. 다시 말해 아이누 민족을 일본 국민으로 편입함으로써 그들의 주거지인 홋카이도의 영유권을 주장하고자 했다.

아이누에게 일본풍속을 철저하게 금지하던 정책은 일변하여 일본으로의 동화를 강요하는 동화정책이 시행되었다. 아이누 민족으로서의 정체성과 그들의 전통문화는 근대화라는 이름으로 철저히 지워졌다. 문신 같은 겉모습은 물론이고 이름, 연어잡이와 사냥 등의 생활방식도 금지하며 일본인과 같은 생활을 강요했다. 토지를 몰수당한 아이누 민족은 강제 이주나 집단생활로 내몰렸다. 이러한 동화정책은 단순히 지배와 영토 확보가 목적이었고, 토지에서 추방된 아이누 민족의 빈곤과 사망률은 계속 높아졌만 갔다.

동화정책이 진행되는 와중에도 아이누 민족은 일본 국민으로서 권리를 보장받지 못했다. 1875년 일본과 러시아 제국 사이에 「지시마 가라후토 교환조약(千島樺太交換条約)」이 체결되었다. 일본이 가

라후토(樺太) 즉 사할린에 대한 권리를 포기하는 대신 러시아령이었
던 지시마(千島) 즉 쿠릴 열도를 영유하는 내용의 조약이었다. 조약
의 주체는 일본과 러시아 정부였으며, 이 땅의 선주민족인 아이누
의 의견은 전혀 고려되지 않았다. 1876년 작성한 「지시마 가라후
토 교환조약 부록」 제4조에는 「가라후토 사할린 섬 및 쿠릴 섬의
토인은 현재 거주하는 지역에 영주(永住)한다. 그러나 현 영주(領主)
의 신민으로서의 권리는 없다[8]」라고 적혀있다. 선주민족의 영주(永
住)는 인정하지만, 현 영주(領主) 다시 말해 일본과 러시아 제국의 국
민으로서의 권리는 기본적으로는 인정하지 않는다는 것이다.

　1911년 아이누 민족 문제를 해결하기 위하여 일본 정부가 제정
한 홋카이도 구토인 보호법에서도 농지분배 등에서 화인과 아이누
인에게 차별적 조치가 취해졌다. 아이누 민족에게 강요된 동화정
책은 결과적으로 아이누 민족의 존재를 부정하고 일본 사회의 단
일민족론에도 영향을 미쳤다. 테사 모리스=스즈키는 일본의 단일
민족론에 대하여 「메이지 국가는 유럽 열강의 세력 확장에 직면해
국민통합을 강화할 필요성을 인식했기 때문에 성립 초기부터 일본
인의 유기적 일체성을 강조했다. 이러한 이데올로기는 1880년대
부터 90년대까지 일본인은 하나의 명백한 개별 민족이라는 일본인
상(像)을 형성하기 시작했다」[9]라고 지적한다.

　1986년 문제가 되었던 나카소네(中曾根) 총리의 일련의 발언은 단

8　樺太サカリヌ島及クリル島ニ在ル土人ハ現ニ住スル所ノ地ニ永住シ且其儘現領主ノ臣
　民タルノ權ナシ
9　테사 모리스-스즈키 지음・임성모 옮김(2002)『아이누와 식민주의 변경에서
　바라본 근대』, 산처럼, p.182.

일민족론에 대한 이러한 일본 사회의 인식을 보여준다. 나카소네 총리는 9월 23일 자신의 차별적 발언에 대한 기자들의 질문에 「미국은 아폴로 계획과 전략방위구성(SDI)에서 큰 성과를 내고 있다. 그러나 복합 민족이다 보니 교육 등에서 손을 대기 어려운 부분도 있다. 일본은 단일민족이라서 착수하기 쉽다는 의미였다」[10]라고 설명했다. 이 발언은 아이누 민족의 반발을 사는 등 다시 문제가 되면서, 제107회 국회 중의원 회의에서 다시 한번 거론되었다. 이 자리에서 나카소네 총리는 문제가 된 「단일민족」이라는 표현에 대해 다음과 같이 설명했다.

> 저는 일본에서는 <u>일본 국적을 가진 분들 가운데 이른바 차별당하는 소수민족이라는 존재는 없다고 생각합니다</u>. 국제연맹 보고에도 그렇게 보고하고 있는 것은 옳은 일이라고 생각합니다. 대략 우메하라 다케시(梅原猛)씨의 책을 읽어 보면, <u>예를 들어 아이누와 일본인, 대륙에서 건너온 분들은 상당히 융합되어 있다고 합니다</u>. 저부터 눈썹도 수염도 진하니, 아이누의 피가 상당히 섞이지 않았을까 생각합니다.[11]

논란은 한층 더 심각해졌다. 나카소네 수상의 일련의 발언을 계기로 「아이누 민족에 대한 차별」에 대한 사회적 관심이 높아졌다. 1987년 일본 정부가 국제연맹에 제출한 2차 보고에서 아이누 민족

---

10 『朝日新聞』 1996年9月24日夕刊(黒川みどりほか(2015) 「単一民族論という幻想」 『差別の日本近現代史』, 岩波書店, p.233 재인용)
11 1986年 『第百七回国会衆議院会議録』七号(黒川みどりほか(2015), 前掲書, p.235 より再引用)

을 소수민족으로 인정하자 홋카이도 구토인 보호법에도 관심이 쏠렸다. 법명에서부터 차별적 표현인「구토인」을 사용하고 있는 차별적인 법률이 일본에 남아있다는 사실에 대한 반성을 바탕으로, 아이누뿐만 아니라 일본 사회도 새로운 아이누 관련 법률의 필요성을 인식하기 시작했다.

3) 소수민족 공인 : 아이누 문화진흥법(1997)

사회적 반성의 확산과 아이누 민족단체가 노력한 결과, 1997년 홋카이도 구토인 보호법이 폐지되고「아이누 문화의 진흥 및 아이누 전통 등에 관한 지식의 보급 및 계발에 관한 법률」[12]이 제정되었다. 아이누 문화진흥법은 일본 정부가 아이누 민족의「선주성」을 인정하고 국가 차원에서 아이누 문화의 진흥과 보급 계몽을 진행한다는 점에서 의미 있는 법률이다. 그러나 아이누 문화를「전통문화」로 제한함으로써 현대 일본 사회에서 생활하고 있는 아이누 민족에게 정체성 혼란을 가져오고, 나아가 근현대 이루어진 민족 차별에 대한 투쟁의 역사도 아이누 문화에서 배제하는 결과를 초래했다[13].

아이누 민족의 후손인 연구자 이시하라 마이(石原眞衣)는 사회적 투명 인간이 되어버린「침묵하는 아이누」문제를 지적한다. 본인

---

12 이하,「아이누 문화진흥법」으로 약칭.
13 조아라(2008)「일본의 아이누 문화정책과 소수민족 정체성의 사회적 구성」『문화역사지리』20-3, pp.5-6.

의 가족과 친척을 중심으로 패밀리 히스토리를 조사하며 이들이
침묵하게 된 역사적 경위와 해결방안을 연구하는 이시하라는, 아
이누 문화를 전통문화로 제한함으로써 발생하는 아이누의 정체성
혼란에 대해 다음과 같은 인터뷰를 소개하고 있다.

> 아이누의 옷을 봤을 때 그 아름다움에 압도당했다. 아이누가 이렇
> 게 아름다운 것을 만드는 민족이라는 사실이 너무 기뻤다. 그러나 동
> 시에 자신은 민족적 문화를 아무것도 계승하지 못했다는 사실이 몹시
> 슬프게 느껴졌다. 이 경험은 이후 나는 아이누 민족이 아니라는 확고
> 한 의식을 가지게 했다. 결국 아이누 민족이라고는 해도 내 안에는 아
> 무것도 없었다. 일본인 미카미(三上) 선생님께 배웠다. 내 안에서 민족
> 적인 것은 아무것도 없어. 아이누 문양은 제대로 하고 싶었지만, 영세
> 한 자영업자로서 아침부터 저녁까지 일해야 먹고 살 수 있었다. 힘들었
> 다. 시간도 없고 수를 놓을 시간도 없었다. (2016년 9월 8일 필자 인터뷰)[14]

4) 선주민족 공인 : 2019년 법률 제16호

2019년 아이누 문화진흥법을 보완하고 아이누 민족의 사회적
권리를 보장하기 위한 새로운 법률이 발표되었다. 2019년 2월 15일,
일본 국토교통성이 배포한 보도발표자료에 따르면 「2019년 법률
제16호」는 다음과 같은 배경에서 성립되었다. 첫째 일본 국내외에

---

14 石原真衣(2018) 「沈黙を問う:「サイレント・アイヌ」というもうひとつの先住民問題」『北
方人文研究』11, pp.12-13.

서 선주민족에 대한 배려 요청이 높아지고, 둘째 기존의 복지정책
과 문화진흥과 더불어 지역진흥과 산업진흥을 포함한 다양한 과제
의 해결을 촉구하는 아이누인들의 요청이 계속되고 있으며, 셋째
일본 정부로서는 2020년 4월 개장 예정인 민족공생상징공간 「우
포포이(ウポポイ)」준비를 원활하게 진행할 필요가 있었다.[15]

「2019년 법률 제16호」가 갖는 가장 큰 의의는 아이누 민족을 홋
카이도의 「선주민족」으로 공인했다는 점이다. 법률의 목적을 밝힌
제1조에서 다음과 같이 아이누 민족을 「홋카이도의 선주민족」이
라고 명기하고 있다. 그 결과, 아이누 문화진흥법으로는 인정받지
못했던 정치 및 경제적 권리를 요구할 수 있는 법적 근거가 마련되
었다. 법률을 제정한 목적은 제1조 본문에서도 밝히고 있듯이 모든
일본 국민의 인격과 개성이 존중받는 사회, 다문화 공생 사회의 실
현을 위해서이다. 이런 의미에서도 앞으로 일어날 현실적인 변화
가 기대된다.

이 법률은 일본열도 북부 주변, 특히 홋카이도의 선주민족인 아이
누인들의 긍지의 원천인 아이누의 전통 및 아이누 문화(이하 「아이누의
전통 등」이라 한다.)가 처한 상황 및 최근 선주민족을 둘러싼 국제정세에
비추어 아이누 시책 추진에 관하여 기본이념, 국가 등의 책무, 정부에
의한 기본방침 책정, 민족공생 상징공간 구성시설의 관리에 관한 조
치, 시정촌(특별구 포함. 이하 동일)에 의한 아이누 시책 추진 지역 계획

---

15 国土交通省(2019)『報道発表資料』
　　https://www.mlit.go.jp/report/press/hok01_hh_000033.html(検索日 2021.02.07)

의 작성 및 그에 대한 내각총리대신에 의한 인정, 해당 인정을 받은 아이누 시책 추진 지역 계획에 따른 사업에 대한 특별 조치, 아이누 정책 추진 본부의 설치 등에 대해 정함으로써, 아이누인들이 민족으로서의 긍지를 가지고 생활할 수 있고, 그 긍지가 존중되는 사회의 실현을 도모함으로써, <u>모든 국민이 서로 인격과 개성을 존중하면서 공존하는 사회의 실현에 이바지하는 것을 목적으로 한다.</u>[16]

또 다른 의의로 아이누 문화의 범위가 확대되었다는 점을 꼽을 수 있다. 법률 제2조는 다음과 같이 과거의 전통문화뿐 아니라 전통문화에서 파생한 문화적 소산 전부를 아이누 문화로 정의하고 있다.

이 법률에서 「아이누 문화」란 아이누어 그리고 아이누에게 계승되어 온 생활양식, 음악, 무용, 공예 및 그 밖의 문화적 소산 및 <u>이로부터 발전한 문화적 소산을 말한다.</u>[17]

2019년 법률 제16호를 계기로 특정 지역과 시대에 국한되지 않고 아이누 민족을 주체로 하는 문화로 아이누 문화의 범위가 확대되었다. 이를 통하여 근현대는 물론 일본 전국으로 이주한 아이누 민족을 포괄하는 넓은 시각에서 아이누 민족과 그들의 문화에 접

---

16 平成三十一年法律第十六号 第1条, e-Gov法令検索
    https://elaws.e-gov.go.jp/document?lawid=431AC0000000016(検索日 2021.02.07)
17 平成三十一年法律第十六号 第2条, e-Gov法令検索 前掲サイト(検索日 2021.02.07)

근할 수 있게 되었다. 문화 여러 방면에서의 새로운 움직임이 기대되는 이유이다.

4. 선주권 관련 소송

1) 니부타니 댐 사건

1997년 3월 27일 삿포로(札幌) 지방재판소가 내린 판결, 이른바 「니부타니 댐 사건(二風谷ダム事件)」에 대한 판결은 일본의 국가 기관이 처음으로 아이누 민족의 선주성과 소수민족 문화향유권을 인정한 판결이었다.[18]

아이누 민족은 「이오루(イオル)」라고 불리는 공간을 생활 단위로 하고 있는데, 여기에는 가옥과 공동묘지 외에도 성스러운 전승을 전하는 장소가 포함된다. 이오루는 아이누 민족의 문화를 유지하기 위해 매우 중요한 존재이다. 홋카이도의 니부타니 지역은 인구에서 아이누 민족이 차지하는 비율이 높은 지역이었으며, 니부타니 지역을 포함한 사루가와(沙流川) 유역은 하나의 이오루이기도 했다. 아이누 민족단체는 댐 건설로 이 지역 이오루가 물에 잠기면 아이누 민족 문화에 큰 영향을 미친다며 댐 건설 중지를 요구하는 행정소송을 냈다. 결국 댐 건설은 중단되지 않고 계속됐지만, 아이누

---

18 荒島千鶴(2015) 「先住民族としてのアイヌ民族の権利 : 二風谷ダム事件と国際法の観点から」 『법학논총』 22(1), p.20.

민족의 선주성을 인정한 판결은 이후의 아이누 정책에 영향을 미쳤다.[19]

2) 아이누의 인격권 관련 소송

1998년 9월 24일 아이누 출신 4명이 삿포로 지방법원에 홋카이도출판기획센터와 편집자를 명예훼손과 사생활 침해로 고소했다[20]. 문제가 된 출판물은 1980년 홋카이도출판기획센터가 전8권으로 출간한 『아이누사 자료집』이었다. 자료집의 제3권 「의료 위생편」 에는 1896년 홋카이도 경찰의 내부 자료로 작성한 「요이치군 요이치초(余市郡余市町) 구토인 위생상태 조사 복명서」와 1896년 의학자 세키바 후지히코(関場不二彦)가 비매품으로 출판한 『아이누 의사담(アイヌ 医師談)』이 수록되어 있었다. 이들 문헌에는 아이누 민족 514명의 이름과 병력 등 의료정보, 출신지, 직업, 나이 등이 기록되어 있었지만, 출판사는 이러한 개인정보를 수정하지 않고 그대로 출판했다. 게다가 아이누 민족은 매독이 많으며, 그래서 멸망하고 있다는 차별적인 기술도 별다른 설명 없이 그대로 게재하였다. 이에 대해 원고 측은 자료집의 내용이 아이누 민족의 존엄과 인권을 침해했다며 출판사와 편자에게 손해배상과 책의 회수 그리고 공개 사과 광고를 요구했다.

1999년 12월 9일 편자는 법원에 반론진술서를 제출했다. 편자는

19　荒島千鶴(2015), 前揭論文, pp19-39.
20　黒川みどりほか(2015), 前揭書, pp.237-239.

반론진술서에서 「아이누계 일본 국민」이라는 표현을 사용하면서, 아이누 민족이 일본인과 동화하여 더 이상 존재하지 않기 때문에 아이누를 민족집단으로 규정하는 것은 문제가 있다며 「아이누 민족으로서의 인권과 명예」를 부인했다. 2002년 법원은 원고 개인에게 직접적인 피해를 주었다고 인정할 수 없다는 이유로 소송을 기각했다. 삿포로 고등 법원에 항소했으나 결과는 마찬가지로 패소로 끝나며 아이누 민족으로서의 인격은 인정받지 못했다. 그러나 개인 단위로 권리를 주장한 판례를 남겼다. 2019년 법률 제16호를 계기로 앞으로 유사한 사례가 나타날 가능성을 충분히 생각해볼 수 있다.

3) 아이누 민족의 유골반환을 둘러싼 소송

19세기 후반부터 20세기 전반에 걸쳐 「글로벌 인골 유통 네트워크」를 통해 식민지에서 유골이 대규모로 무단 반출되어 형질인류학의 연구 대상으로 이용되었다.[21] 아이누 민족의 무덤도 파헤쳐져, 일본 국내 대학과 연구소뿐 아니라 외국으로 조상의 유골을 수탈당했다. HTB 홋카이도 텔레비전 방송국은 2019년 6월 7일자 보도에서 아이누 민족 유골의 반환을 요구하는 6건의 재판을 통해서 100구가 고향으로 돌아왔지만, 여전히 일본 전국 12개 대학에 1,574구의 아이누 유골이 남아있다고 전했다.[22]

21　小田博志(2018) 「骨から人へ: あるアイヌ遺骨のrepatriationと再人間化」 『北方人文研究』 11, p.73.

우라호로초(浦幌町)의 아이누 민족단체 라포로 아이누네이션(ラポロ アイヌネイション)은 약탈당한 조상들의 유골 반환 운동을 적극적으로 추진하고 있다. 홋카이도 대학과 삿포로 의대를 대상으로 소송을 제기하여 유골 총 96구를 되찾았으며, 도쿄 대학 해부학자 등이 홋카이도 우라호로초의 아이누 민족 묘지에서 연구를 위해 가져간 6구의 유골에 대해서도 반환을 요구하는 소송을 제기했다.

도쿄 대학과는 2020년 8월 7일 구시로(釧路) 지방법원에서 합의가 이루어졌다. 도쿄 대학은 유골과 칼 등의 부장품을 반환하고, 아이누 민족단체는 전통 신앙의 자유 침해 등을 이유로 제기한 50만 엔의 손해배상 청구를 취하하기로 했다. 유골은 합의대로 반환되어 2020년 8월 22일 무덤에 다시 매장되었다.[23]

아이누 민족단체의 유골 반환 활동이 이어지자, 문부과학성은 아이누 민족 유골 반환 절차에 관한 지침을 마련하고 출토지역이 밝혀진 유골의 반환신청을 접수함과 동시에 대학의 대응에 대한 정보를 공개하고 있다. 출토지역의 특정과 신원 확인 등의 반환 절차상의 문제는 아직 남아있지만, 2019년 법률 제16호가 성립됨에 따라 아이누 민족의 유골 반환은 국가의 지원 아래 더욱 가속화될 것으로 보인다.

---

22 HTBニュース(2019.6.7)「残念な状況…遺骨返還巡りアイヌ民族同士の分断も」
   https://www.youtube.com/watch?v=LICSVR1u0_8(検索日 2021.02.07)
23 朝日新聞(2020.9.3)「加害者の闇　過去の歴史ではない」
   http://www.asahi.com/area/hiroshima/articles/MTW20200903350160002.html
   (検索日 2021.02.07)

4) 연어잡이 어업권을 둘러싼 소송

2020년 선주민족의 자원 이용에 관한 권리, 즉 선주권 인정을 요구하는 일본 최초의 소송이 제기되었다. 국제연맹에서 발표한 선주민 권리선언을 근거로, 하천에서의 연어잡이 어업권을 인정해달라는 내용의 소송을 삿포로 지방재판소에 제기한 것이다.[24]

2019년 법률 제16호는 지역과 목적에 따라 제한적 선주권을 보장하고 있다. 우라호로초의 아이누 민족단체는 2020년 8월 18일 이러한 제한에 반발하며 선주민족의 자원을 이용할 권리, 즉 선주권 인정을 요구하는 아이누 민족 최초의 선주권 확인 요구 소송을 삿포로 지방법원에 제기했다. 민족단체 라포로 아이누네이션은 지역의 도카치가와(十勝川)에서의 경제적 연어잡이를 선주민족의 권리로 인정해 달라고 요구하고 있다. 일본의 현행법은 어업권이 없는 강에서의 어업을 규제하고 있지만, 메이지 정부가 아이누 민족의 조상에게서 부당하게 땅을 빼앗았기 때문에, 강에서의 어업권은 그 후손에게 돌려줘야 한다고 주장한다. 2020년 10월 9일 교도통신 기사에 따르면, 일본 중앙정부와 홋카이도 정부는 라포로 아이누네이션에게 청구를 기각하도록 요구했다.[25] 그러나 선주권을 둘

24 朝日新聞(2020.8.18)「アイヌ先住権訴訟「大きな転換点に」「議論深まれば」」
https://www.asahi.com/amp/articles/ASN8K7D8GN8KIIPE00Q.html(検索日 2021.02.07.), 세계일보(2020.8.18)「日 아이누민족, 첫 원주권 인정요구 소송 제기」http://www.segye.com/newsView/20200818515825(검색일 2021.02.07)
25 共同通信(2020.10.9)「アイヌ先住権訴訟、国側争う姿勢 民族団体のサケ捕獲巡り」
https://news.yahoo.co.jp/articles/90b90712908cd87f08bd21d32780abfb7fab973f

러싼 논쟁은 계속 이어질 전망이다.

5. 맺음말

아이누 민족이 홋카이도의 선주민족으로 공인되기까지의 과정
을 선주권을 중심으로 살펴봤다. 땅을 빼앗기고 강제로 일본 국민
이 된 아이누 민족은 오랫동안 사회적 권리를 보장받지 못했다. 선
주권은 물론이고 선주민족으로서의 정체성마저 부정당한 아이누
민족은 사회적 차별에 노출된 사회적 약자일 수밖에 없었다. 선주
민족의 권리 회복을 위한 세계적인 움직임과 더불어 아이누 민족
단체의 끊임없는 노력이 열매를 맺어, 2019년 마침내 아이누 민족
은 공식적으로 홋카이도의 원주민으로 인정받았다. 그러나 선주권
을 보장받고 나아가 다문화 공생 사회를 실현하기 위해서는 남은
과제가 적지 않다. 2018년 국제연맹의 인종차별 철폐 조약위원회
가 「아이누 민족의 권리를 충분히 보장하지 않고 있다」라며 일본 정
부에게 개선을 촉구하는 권고를 내린 사실도 여전히 개선의 여지
가 남아있음을 시사하고 있다.

홋카이도는 2022년도부터 새로운 아이누 정책을 추진할 예정으
로, 새로운 아이누 정책의 추진 방안에 대한 시민단체의 의견서도

(検索日 2021.02.07.), 朝日新聞(2020.10.10)「アイヌのサケ漁業「先住民族の権利」
初弁論に文献提出」
https://www.asahi.com/articles/ASNBB42SMNB9IIPE01Q.html (検索日 2021.
02.07)

제출되었다.[26] HTB의 보도에 따르면, 시민단체들은 올바른 역사 인식과 헤이트 스피치 등 차별에 대한 대책이 미흡하다고 지적하며 정책의 전환을 요구했다. 시민단체의 제안은 아이누 유골 반환을 위한 적극적인 노력, 선주민족의 권리로서 어업권의 회복, 고용과 교육 등에서의 차별과 헤이트 스피치를 없애기 위한 인종차별금지조례 제정 등의 4개 항목이다. 홋카이도 정부는 2022년도 정책 추진 방책을 책정하면서 이러한 의견을 반영하겠다고 밝혔다. 아이누 민족에 대한 차별은 홋카이도 정부가 실시한 실태 조사에서도 계속 지적을 받아오던 문제이다. 2017년 홋카이도 아이누 정책 추진국 아이누 정책과가 실시한 제8회 아이누 생활 실태 조사에 따르면, 홋카이도에는 5,571가구, 13,118명의 아이누인이 살고 있다. 이는 2014년 실시한 제7차 조사보다 1,309세대, 3,668명이 감소한 수치이며, 감소 추세는 계속 이어지고 있다. 계속 줄어들고 있는 아이누 민족은 존속의 위기에 직면하고 있다. 그런 이유에서도 아이누 민족의 문화와 권리가 존중받는 다문화 공생 사회를 구축하여 아이누 민족과 그들의 문화를 미래에 전할 필요가 있다.

---

26 HTBニュース(2021.3.8)「北海道のアイヌ政策に市民グループが意見書提出」 https://www.htb.co.jp/news/archives_10656.html(検索日 2021.03.08)

| 참고문헌 |

세계일보(2020.8.18) 「日 아이누민족, 첫 원주권 인정요구 소송 제기」
    http://www.segye.com/newsView/20200818515825(검색일 2021.02.07)
조아라(2008) 「일본의 아이누 문화정책과 소수민족 정체성의 사회적 구성」 『문
    화역사지리』 20-3, pp.5-6.
최은희(2018) 『표상의 정치학 일본 텔레비전 다큐멘터리와 아이누의 표상』, 소
    명출판, pp.271-316.
테사 모리스-스즈키 지음・임성모 옮김(2002) 『아이누와 식민주의 변경에서 바
    라본 근대』, 산처럼, pp.157-154.
荒島千鶴(2015) 「先住民族としてのアイヌ民族の権利：二風谷ダム事件と国際法の観
    点から」 『법학논총』 22(1), pp.19-38.
石原真衣(2018) 「沈黙を問う：「サイレント・アイヌ」というもうひとつの先住民問題」 『北
    方人文研究』 11, pp.3-21.
小田博志(2018) 「骨から人へ：あるアイヌ遺骨のrepatriationと再人間化」 『北方人文
    研究』 11, pp.73-94.
黒川みどりほか(2015) 「単一民族論という幻想」 『差別の日本近現代史』, 岩波書店,
    pp.232-239.
公益財団法人アイヌ民族文化財団(2020) 『アイヌ民族：歴史と現在―未来を共に生き
    るために―<改訂版>』
公益社団法人北海道アイヌ協会定款
    https://www.ainu-assn.or.jp/outline/files/0278724fafa113f22065d431
    2e5cf9441d50e245.pdf (検索日 2021.02.07)
国史大辞典編集委員会(2010) Web版 『国史大辞典』, 吉川弘文館,
    https://japanknowledge.com (検索日 2021.02.07)
国土交通省(2019) 『報道発表資料』
    https://www.mlit.go.jp/report/press/hok01_hh_000033.html (検索日 2021.
    02.07)
小中学生向け副読本編集委員会(2020) 『アイヌ民族：歴史と現在―未来をともに生き
    るために<改訂版>』, 公益財団法人アイヌ民族文化財団, pp.1-21.
総務省(2006) 『多文化共生の推進に関する研究会報告書』

www.soumu.go.jp/kokusai/pdf/sonota_b5.pdf p.6 (検索日 2021.02.07)

_____(2019)『多文化共生の推進に関する研究会 会議資料』
https://www.soumu.go.jp/main_sosiki/kenkyu/tabunka_kenkyu_r01/index.html (検索日 2021.02.07.)

北海道環境生活部(2017)『平成29年 北海道アイヌ生活実態調査報告書』
http://www.pref.hokkaido.lg.jp/ks/ass/H29_ainu_living_conditions_survey_.pdf, p.3.

ニコライ・ブッセ著, 秋月俊幸訳(2003)『サハリン島占領日記1853-54 ロシア人の見た日本人とアイヌ』, 平凡社, pp.181-196.

朝日新聞(2020.8.18)「アイヌ先住権訴訟「大きな転換点に」「議論深まれば」」
https://www.asahi.com/amp/articles/ASN8K7D8GN8KIIPE00Q.html (検索日 2021.02.07)

_____(2020.9.3)「加害者の闇　過去の歴史ではない」
http://www.asahi.com/area/hiroshima/articles/MTW20200903350160002.html (検索日 2021.02.07)

_____(2020.10.10)「アイヌのサケ漁業「先住民族の権利」初弁論に文献提出」
https://www.asahi.com/articles/ASNBB42SMNB9IIPE01Q.html (検索日 2021.02.07)

共同通信(2020.7.21)「アイヌ遺骨返還で東京大と和解へ 北海道浦幌の団体、6体と副葬品」
https://news.yahoo.co.jp/articles/84d835dff899bc4cb967b7b360f853b4292558d8 (検索日 2021.02.07)

_____(2020.10.9)「アイヌ先住権訴訟、国側争う姿勢　民族団体のサケ捕獲巡り」
https://news.yahoo.co.jp/articles/90b90712908cd87f08bd21d32780abfb7fab973f (検索日 2021.02.07)

HTBニュース(2019.6.7)「残念な状況…遺骨返還巡りアイヌ民族同士の分断も」
https://www.youtube.com/watch?v=LICSVR1u0_8 (検索日 2021.02.07)

_____(2021.3.8)「北海道のアイヌ政策に市民グループが意見書提出」
https://www.htb.co.jp/news/archives_10656.html (検索日 2021.03.08)

法律原文 e-Gov法令検索
https://elaws.e-gov.go.jp/document?lawid=431AC0000000016 (検索日 2021.02.07)

일본 고전 속의 역병과 미신,
그리고 가짜뉴스
질병과 공동체로 본 일본 사회 서벌턴

금 영 진

1. 머리말

2020년 11월 14일 현재, 세계보건기구(WHO)의 전 세계 코로나 감염자 및 사망자 통계에 의하면, 감염이 약 5,248만 명, 사망이 약 129만 명이다.[1] 하지만 훨씬 더 많은 수의 사람들에게 더 빠르게 유포 확산

---

1 세계 보건기구에 의하면, 코로나 대유행의 기세가 한풀 꺾인 2022년 5월 24일 현재, 전 세계 코로나 누적 감염자는 약 5억 2,378만 명, 사망자가 약 627만 9,667명이다. 감염자 대비 사망자 비율이 2020년 11월의 2.45%보다 절반 이하 (1.19%)로 낮아진 배경에는 백신 개발 및 접종률 증가를 들 수 있다. 참고로, 인류 역사상 사망자가 가장 많았던 3대 역병은 흑사병(약 2억 명), 천연두(약 5600만 명), 그리고 스페인 독감(약 4000만 명 이상 5000만 명 미만)이다. 『VISUAL CAPITALIST』 2020.3.14. Nicholas LePa 「Visualizing the History of Pandemics」

한 것이 있었으니 바로 코로나와 관련한 다양한 가짜뉴스들이다. 역병의 유행, 즉 팬데믹과 더불어 인포데믹(정보 감염증. 부정확한 정보의 범람으로 인한 부작용 유발을 수반함) 현상이 일어난 것이다.

5G가 코로나를 유발한다거나, 메탄올이 코로나를 예방한다는 황당한 가짜뉴스의 유포도 문제지만, 이를 사실로 믿고 흥분한 일부 군중이 5G 기지국 설비에 불을 지르거나,[2] 메탄올을 마시고 중독되는 사건 사고가 세계 도처에서 발생하였다는 사실은, 바늘과 실처럼 늘 역병을 따라다니던 유언비어가 가짜뉴스라는 새로운 형태로 21세기에도 여전히 우리 주위를 맴돌고 있음을 보여준다.

당장 2000년 초만 하더라도, "홍역백신이 자폐증을 유발한다."라고 하는 가짜뉴스가 서구권 국가와 미국 등을 중심으로 크게 유포된 적이 있었다. 이 홍역백신 괴담은 1998년에 영국에서 발표된 한 조작

https://www.visualcapitalist.com/history-of-pandemics-deadliest/(검색일: 2020.9.30)

2 영국 BBC는 "2020년 4월 이후 버밍엄 등에서 5G(5세대 이동통신) 기지국 통신탑에 불을 지르거나 파괴하는 공공기물 파손 행위가 잇따라 발생하고 있다."고 보도한 바 있다. 그리고 이러한 사태를 촉발시킨 것이 바로 다음의 가짜뉴스이다. ("5G 기지국에서 나오는 강력한 고주파가 인간의 면역에 악영향을 미치고 코로나 감염을 유발한다. 코로나 피해가 많은 중국과 한국, 미국, 유럽, 일본 등이 모두 5G 상용화를 일찍 시작한 나라이며 5G가 아직 시작되지 않은 개발도상국은 피해가 적다. 지난해 11월 중국 우한에서 5G 송신탑들이 세워지기 시작하면서 코로나바이러스가 확산하기 시작했다")'레무통 엉라제(les mouton enragés·분노한 양들)'라는 프랑스의 음모론 사이트에서 시작된 이러한 내용의 가짜뉴스는 벨기에 지역 신문 '헤트 라스터 뉴스(Het Laatste Nieuws)'의 크리스 반 커크 호벤이라는 의사와의 인터뷰 기사와 더해져 더욱 유포되었고, 영국 권투선수 아미르 칸 등 수백만 명의 팔로워를 거느린 유명인들이 트위터와 인스타그램, 페이스북 등에 관련 글을 올림으로써 삽시간에 퍼져 나갔다.『조선일보』2020.4.27. "5G가 코로나바이러스 원인 유언비어 퍼져" http://news.chosun.com/site/data/html_dir/2020/04/27/2020042702905.html (검색일: 2020.9.30)

논문에서 비롯되었는데 많은 부모들이 이를 사실로 믿었고 자녀들의 백신 접종을 거부하였다. 그리고 그 결과가 근년 서구권에서의 홍역 발생 폭증 사태이다.[3]

과거, 유언비어라는 발 없는 말이 천 리를 가는데 소요된 시일에 비한다면, 현재의 가짜뉴스라는 발 없는 글이 만 리를 가는데 소요되는 시간은 고작 몇 초로, 마우스 클릭(전송) 한 번이면 된다. 자신의 SNS 계정 팔로우가 100만 명인 사람은 마음만 먹으면 세계 어디든 100만 명의 사람들에게 단번에 가짜뉴스를 전파할 수도 있는 것이다.

한편, 이번 코로나 사태와 관련하여 유포된 가짜뉴스 중에는 다른 사람을 속임으로써 자신의 이익을 취하거나, 또는 다른 인간이나 소수집단에 대한 혐오를 부추기는 내용의 것들이 적지 않았다. 특히 코로나 발원지로 여겨지는 중국을 비롯한 아시아권의 유색인종에 대한 차별이 빈번하게 발생하였다. 가짜뉴스는 전염병에 대한 무지와 막연한 공포로 인해 발생하는 측면이 크지만, 그 분노의 감정이 점차 특정 집단이나 지역 내지는 국가와 인종을 겨냥하는 쪽으로 옮아간

---

3 뉴욕타임스(NYT)에 따르면 '아이들의 건강을 옹호하고 교육하는 부모들의 모임'(Peach)이라는 단체가 일부 초정통파(ultra-Orthodox) 유대교 가정 대상으로 펴낸 소위 '백신 안전 안내서' 라는 책자에는 백신에 첨가된 티메로살 내의 수은이 자폐증을 일으키며 낙태 또는 유산된 태아의 세포를 함유하고 있다는 거짓 내용을 담고 있다. 또, 이 책자는 "백신은 원숭이, 쥐, 돼지의 DNA와 젖소 혈청을 함유하고 있다."면서 "이 모든 것은 유대교 율법의 코셔 음식 규정에 따라 섭취가 금지된 것들."이라고 주장한다. 이 가짜뉴스의 자폐증 관련 부분은 웨이크필드라는 영국 의사의 조작된 논문에서 비롯된 것이다. 홍역백신의 오염을 막기 위해 첨가하는 티메로살에는 극소량의 에틸 수은이 있다. 하지만 이는 우리가 흔히 알고 있는 독성 물질인 메틸 수은과는 엄연히 다른 것이다. 『동아 사이언스』 2019.01.22. WHO "전 세계적인 홍역 확산 배후에 반 백신 운동 있다." http://dongascience.donga.com/news.php?idx=26427(검색일: 2020.9.30.)

것이다. 평소에 가지고 있던 특정 집단이나 인종에 대한 배척의 감정이 전염병에 대한 공포와 맞물리면서 가짜뉴스에 의해 증폭, 차별이 확산한 것이다.

실제로, 과거 중세 유럽에서 흑사병이 유행하였을 당시에도 이와 유사한 일은 발생하였다. 당시 유대인 또는 혼자 사는 나이 든 여성들을 겨냥한 적대적인 유언비어가 횡행하였고, 이는 그들에 대한 차별과 마녀사냥으로 이어졌다. 또, 1918년 스페인 독감 대유행 당시의 미국에서는, 제1차 세계 대전에서의 적성국이었던 독일 출신 이민자 및 위생환경이 열악한 흑인을 감염원으로 모는 가짜뉴스의 유포와 그에 수반하는 차별이 공공연했다.[4] 문제는 예나 지금이나 이러한 역병 관련 유언비어를 사람들이 의외로 잘 믿는다는 점이다.

그리고 여기에서 우리는, 과거 역병이 유행할 때 발생한 미신과 유언비어, 그리고 가짜뉴스들의 면면을 다시 한번 확인해 볼 필요가 있다. 즉 이를 통하여 인류가 끊임없이 되풀이해온 오류에 대한 냉철한 분석과 이를 타산지석으로 삼는 자성의 시간을 가질 필요가 있는 것이다. 특히 역병이 유행하는 똑같은 상황에서 우리와 이웃한 주변국

---

4 유대인들이 페스트균을 퍼뜨렸다는 가짜뉴스는 손 씻기를 자주 하는 관습 덕분에 상대적으로 흑사병 희생이 적었던 유대인들에 대한 오해가 유대인에 대한 평소의 혐오감에 더해져 전염병 유행을 계기로 분출된 결과였다. 미국 내 독일 이민들이 공공장소에 스페인 독감 균을 몰래 퍼뜨렸다는 가짜뉴스 역시 미국이 독일에 선전 포고를 하고 제1차 세계 대전에 참전한 1917년 당시의 역사적 상황과 무관치 않다. '독감 균을 퍼뜨리는 독일 이민'과 '불결한 흑인' 들에 대한 이러한 가짜뉴스와 차별의 밑바탕에는, 전염병에 대한 공포와 맞물려 표면화된 독일 이민 및 흑인에 대한 평소의 혐오와 분노가 내재되어 있었던 것이다. 김서형(2014) 「전염병과 소수집단 배제의 담론: 1918년 인플루엔자를 중심으로」 『대구사학』 115, 대구사학회, pp.393-426.

에서는 과거 어떤 문제가 발생하였는지 살펴보는 것은 우리 자신의 모습을 보다 객관적으로 돌이켜볼 수 있는 중요한 참고가 된다.

또 한 가지, 2020년 코로나 팬데믹 사태에서 상대적으로 더 큰 타격을 받은 사람들은 아무래도 사회적 약자이자 소수집단인 서벌턴(subaltan)들이었다.[5] 이는 미국 코로나 사망 관련 인종 비율에서 흑인 등 저소득층의 비율이 백인 대비 상대적으로 훨씬 높은 것에서도 잘 알 수 있다.[6]

코로나 차별은 처음에는 한 국가 내의 확진자와 비 확진자 간의 배척과 대립 형태로 나타났지만, 점차 세계적인 인종 차별 양상으로 전개되고 말았다. 코로나 최초 발원지로 여겨지는 우한 주민에 대한 후베이성 주민들의 배척은 감염 확산에 따라 금세 후베이성 주민 자신에 대한 여타 지역 중국인들의 배척으로 바뀌었고, 이는 다시 중국인에 대한 한국, 일본을 비롯한 주변국들의 배척양상으로 나타나고 말았다. 그리고 최종적으로는 아시아인에 대한 서구 백인들의 배척, 즉 인종 차별로 이어졌다.

---

5 서벌턴의 사전적 의미는 여성이나 노동자, 이주민과 같이 권력의 중심에서 배제되고 억압을 당하는 사람. 또는 그런 무리를 뜻한다. 탈식민주의 학자 가야트리 스피박의 개념으로, 원래는 하위 주체를 의미하나 점차 제3세계 여성 등 권력에서 소외된 다양한 소수 집단, 계층을 포괄하는 개념으로 쓰이게 되었다. 본 연구에서는 그 정의를 보다 넓게 잡아, 빈곤층, 노인, 성 소수자, 장애인, 외국인 등 사회적 약자와 소수 집단 전반을 포괄하는 비 고정적, 상대적인 광의의 개념으로 넓게 사용한다.
6 2020년 4월 7일자 CNN 보도에 의하면 흑인 인구 비율이 전체 인구의 14%에 불가한 미시간주에서의 흑인 사망률이 40%, 32%인 루이지애나주에서의 사망률이 약 70%라고 한다. 특히 심각한 경우는 흑인 인구 비율이 14.6%에 불가한 시카고에서의 흑인 사망률이 무려 72%라는 점이다. (『코리아 데일리 타임즈』 2020년 4월 8일 자.) 가난하다는 것은 상대적으로 몸이 건강하지 못하다는 의미이며 이는 코로나 감염시 그만큼 치명타라는 뜻이기도 하다.

필자는 서벌턴 차별을 더욱 부채질하는 가짜뉴스에 대해 특히 문제의 심각성을 느낀다. 동아시아 주변국과의 상생과 우리 사회 내부에서의 서벌턴과의 공생이라는 공동체적 관점에서 본다면, 우리는 2020년 봄 코로나 사태로부터 냉철한 반성과 교훈을 얻을 필요가 있다. 이에 본고에서는 우리 이웃인 일본에서의 과거 역병의 유행에 수반하여 발생한 다양한 미신과 유언비어, 그리고 이번 코로나 사태에서의 가짜뉴스 유포에 대해 일본 고전자료 및 근현대 관련 자료를 통하여 통시적으로 조망해 보았다.

2. 역병과 신앙, 그리고 미신

인간은 목숨이 좌우되는 큰 재난 앞에서는 대개 신과 같은 절대자에게 의존하게 되는데 고대 일본인들 역시 이 점 예외는 아니었다. 그리고 과거 일본에서 유행한 역병 중 특히 큰 인명 피해를 주었던 것 중 하나로 '천연두(天然痘)'를 들 수 있다. 천연두는 후대의 표현으로 그 이전에는 '포창(疱瘡-일본어로 호소(ほうそう)라고 읽는다.)'으로 흔히 불렸고 우리나라에서는 대개 '두창' 또는 '마마'로 불렸다.

천연두는 고대 일본인에게 있어 공포의 역병이었는데, 덴표(天平, 735~737년) 연간에 대유행한 천연두로 인한 사망자만 당시 일본 전체 인구의 약 25%에서 30% (약 100만 명)를 넘었던 것으로 알려지고 있다.[7] 당시 정권의 핵심이었던 후지와라(藤原) 4형제가 모두 천연두에 걸려 사망하고 이로 인해 국정 중단 사태가 발생한 것이나,[8] 나라(奈良) 동대사 대불(東大寺 大仏)이 그러한 역병 대유행을 겪고 나서 민심 수습 차원에서 주조되었음은 알려진 바와 같다.[9] 고려가 몽고의 침입이라는 국가적인 재난 상황을 겪게 되자 팔만대장경을 판각하였듯이, 일본인들 역시 역병 대유행이라는 국가적 재난 상황을 겪게 되자 동대사 대불을 주조하게 된 것이다.

이처럼 역병이 유행하게 되면 인간은 나름대로 다양한 해결책을 모색하게 되는데, 그 첫 번째가 우선 병을 낫게 해달라고 신에게 간구하는 것이었다. 병자의 손가락에 묶은 실을 약사여래(薬師如来) 불상의 구부린 오른손 약지(薬指)에 묶어 불력으로 병의 쾌유를 빈 것은 그 좋은 예이다.

그리고 두 번째가 역신(역귀)의 화를 누그러뜨리는, 즉 타협 내지는 소극적인 방어였다. 역병의 원인을 죽은 사람의 원한과 저주로 보아 그 원혼을 달래주는 진혼 의식인 고료에(御霊会)를 거행한 것이 그러하다. 역병의 확산을 막는 방법으로는, 천황의 칙명으로 절의 스님들에게 독경하게 하거나[10] 신관들로 하여금 도향제(역귀가 도성

---

7 董伊莎(2016)「古代日本の疫病関連信仰における外来的要素について－平安時代の御霊会を中心として－」『文化交渉』関西大学東アジア文化研究科院生論集, p.79.

8 이시준(2012)「日本上代時代의 災難과 宗教的對應方法」『일어일문학연구』제 80집 1호, 한국일어일문학회, p.94.

9 동대사 대불(東大寺大仏)은 쇼무 천황(聖武天皇)에 의해 덴표(天平)15年(743年)에 계획되었고 745년부터 준비가 개시되었으며 752년에 개안 공양회가 열렸다. 당시에는 재해나 역변등의 이변이 위정자의 자질 문제 때문에 발생했다고 보는 풍조가 있었기에 천연두의 유행에 대한 책임을 통감한 쇼무 천황은 대불 제작을 발원하게 된 것이다.加藤茂孝(2013)『人類と感染症の歴史』－未知なる恐怖を超えて－丸善出版, pp.1-185. 우리나라에서 과거 비가 오지 않거나 하면 나라님 탓을 하던 것과 같다고 볼 수 있다.

10 불타가 出世하여 남긴 가르침(仏出世遺教)이 感應하면 고통에서 반드시 벗어나고 재난은 제거되니(苦是必脱。災則能除。), 부처님의 덕을 우러러(仰彼覚風)

71

에 들어오지 못하도록 교토 주변의 네 군데에서 도성을 지켜주는 수호신에게 기원하는 제사)를 지내게 하는 것이 있었다.[11] 기온 다이묘진(祇園大明神) 신앙 역시 이와 비슷한 발상이라 할 수 있는데, 고즈텐노(牛頭天皇)와 스사노오노 미코노(素戔嗚尊)의 습합인 이 무서운 역신과의 타협을 통해 일본인들은 역병의 유행을 막으려 한 것이다.

그리고 세 번째가 역신보다 훨씬 더 강력한 존재에 의탁하여 역병을 퇴치하는 방법이었다. 종규(鍾馗)가 그 좋은 예로, 종규는 원래 역신 등 인간에게 해를 끼치는 나쁜 귀신을 물리치는 중국의 신이다.[12] 물론 일본인들은 종규 이외의 존재에도 의지하였다. 천태종 제18대 종정인 료겐(良源, 912~985)은 입적일이 1월(元日(간지쓰)) 3일(三日(산니치))이었던 관계로 '간잔 대사(元三大師)'로 불렸는데, 대사가 야차(夜叉)의 모습인 '쓰노 대사(角大師)'로 변신하여 역신을 쫓아내 준다는 역병 퇴치 신앙은 제액 부적의 형태로 정월에 팔려나가 히에

'穢霧' 즉 妖気를 제거하고자 大般若経을 승려로 하여금 7일 동안 転読시킨다는 것이다. 조칙의 후반부는 '辛' 즉 5종류의 신맛이 있는 야채와 술과 고기를 금하고, 각 지방의 사찰의 몇 명의 승려가, 몇 권의 대반야경을 독송했는지 보고하라는 내용으로, 얼마나 독송에 의한 영험을 갈구했는지 짐작케 한다. 이시준, 전게논문, p.90.

11 다자이후(大宰府) 관내의 역병을 진정시키기 위하여 賑給을 베푸는 한편, 다자이후 내의 신사의 天神地祇에 奉幣를 바치고, 사찰에서는 金剛般若經을 독송하게 했다는 내용이다. 주목되는 것은 산요도(山陽道) 以東으로의 역병의 파급을 막기 위해 나가토(長門) 以東의 모든 지방에서 道饗祭를 행하게 했다는내용이다. 역병이 나가토에서 東進하여 畿內 더 나아가 헤이죠경(平城京)으로 침입하는 것을 막기 위한 방지책이었던 것이다. 神祇令5 集解令釈(古記无別)에, 매년 6월 · 12월 도읍의 대로에서 귀매(鬼魅)가 외부로부터 들어오는 것을 막기 위해 신기관(神祇官)의 우라베(卜部)들이 올리는 제로서 도향제가 있는데, 여기에서의 제는 임시의 것이다. 이시준, 상게논문, p.92.

12 山口健司(2010)「鍾馗と牛頭天王－「郷儺」の伝来と日本化－」『年報非文字資料研究』6, 神奈川大学日本常民文化研究所, pp.1-14.

이잔(比叡山) 주변의 민간에서 집에 붙여지곤 하였다.[13](<자료 1>)

그리고 이러한 부적은 신앙과 미신의 경계를 넘나드는 애매한 성질의 것이라고도 할 수 있는데 특히 에도시대에는 그림 형태의 다양한 부적이 유행하였다. 그 대표적인 것

〈자료 1〉

중 하나가 바로 천연두 관련 부적 그림인 호소에(疱瘡絵(그림 색깔이 빨갛기에 아카에(赤絵)라고도 함))이다. 이것은 에도시대 때 일본인들을 괴롭혔던 질병 중 첫손가락에 드는 질병이 바로 천연두였기 때문이다.[14]

그 중, 「부엉이(木菟)에 봄 망아지(春駒)」라는 제목의 호소에 그림 부적에는, 부엉이가 부적 그림에 등장하는데, 그 이유는 천연두를 앓다가 시력을 잃게 되는 경우가 많았던 것과 관계가 있다. 캄캄한 밤중에도 먹이를 찾을 수 있는 좋은 시력을 가진 부엉이처럼 실명하지 않고 무사히 천연두를 넘기기를 기원하는 의미가 담겨 있는

13　鈴木堅弘(2018)「≪元三大師縁起絵巻≫からみるポリティクスと両大師信仰―近世天台高僧絵伝の成立と天海の意向―」『京都精華大学紀要』第五十二号, pp.2-29.

14　에도시대에 간행된 미타테 반즈케(見立て番付－스모 반즈케를 흉내 낸 랭킹표) 『야마이 구스리 도케 쿠라베 쇼헨(病薬道戯鏡初編』에 의하면, 1위가 천연두, 2위가 뇌졸중, 3위가 난치병(원인불명), 그리고 4위가 중풍이었다. 그리고 그 이후에 인쇄된 것으로 보이는『야마이 구스리 도케 쿠라베 니헨(病薬道戯鏡二編』에 의하면, 1위가 유아 습진(태독), 2위가 소아 경기, 3위가 감기, 그리고 4위가 충치였다.

것이다. 또 봄 망아지는 겨울이 지나고 새봄을 맞아 나쁜 기운을 물리치는 생명력을 가지고 있다고 믿었는데, 이는 새해 1월 7일에 백마에게 일곱 가지 나물로 만든 죽을 먹이고 나쁜 기운을 물리치는 행사인 교토 가미가모 신사(上賀茂神社)의 아오우마노 세치에(白馬節会)에서도 확인되는 발상이다.[15] 매화와 이누하리코(犬張り子)가 그려진 호소에의 경우, 눈 속에 핀 매화, 즉 설중매가 생명의 재생을 상징하며 눈 위의 개 발자국 역시 천연두 발진이 줄어 빨리 회복됨을 의미한다고 한다.[16]

한편, 미나모토노 다메토모(源為朝)에게 서약하는 마마 신 노파와 어린이 역귀, 즉 호소가미(疱瘡神)가 그려진 호소에 그림(<자료 2>)에는 다음과 같은 유래가 있다. 바킨(馬琴)의 『진세쓰 유미하리즈키(椿説弓張月)』에

〈자료 2〉

의하면, 미나모토노 다메토모가 하치조지마(八丈島)에서 천연두 귀

---

15 금영진(2017) 「흰색 십이지 동물 상징성의 한일 비교」 『동양학』 제66집, 단국대학교 동양학 연구원, p.57.

16 그림에 함께 실린 노래를 해석하자면 다음과 같다. "일찍 피어난/ 매화꽃 봉오리가/두 개 또 세 개/눈 위에 선명해라/ 개의 검은 발자국/(早咲の/梅のつぼみも/二つ三つ/雪に色よき/犬の足跡)" 어린이를 지켜주는 이누하리코(犬張り子)와 아카베코(赤べこ)의 검은 반점이 두창(痘) 흉터를 상징한다는 점에서도 알 수 있듯이 하얀 눈 위의 검은 개 발자국에는 천연두를 가볍게 앓기를 기원하는 마음이 담겨 있다. 참고로 여성의 외모를 비하하는 '이모(芋)' 라는 일본어의 발음에서, '이모(감자)'는 두창의 발음 '이모(두창)'와 동음이다.

신(痘鬼(疱瘡神))을 내쫓을 때, "두 번 다시 이곳에 들어 오지 않겠습니다. 다메토모의 이름이 쓰여 있는 집에도 안 들어가겠습니다."라는 증서에 손바닥 도장(인영)을 찍게 하였다고 한다. 이는 『삼국유사(三国遺事)』에 보이는, 신라 처용(處容)이나 비형(鼻荊)의 얼굴 그림으로 귀신의 접근을 막았다는 이야기를 연상시키는 경우라 할 수 있다.

한편, 천연두와 더불어 에도시대의 일본인들을 두려움에 떨게 했던 또 하나의 역병이 있었으니 바로 홍역(麻疹 – 일본어로 하시카로 읽음)이다. "홍역을 치렀다"라는 표현이 있을 정도로, 고역을 겪는 것을 의미하는 표현의 대명사인 이 역병은 에도시대에만 13번이나 유행하였고 특히 1862년 대유행 당시에는 24만 명에 육박하는 사망자가 나오는 등, 천연두 못지않은 공포의 역병이었다.[17]

천연두를 막는 부적 그림인 호소에가 천연두와 함께 유행하였던 것과 마찬가지로, 홍역의 유행과 더불어 하시카에(麻疹絵), 즉 홍역 부적 그림도 유행하게 된다. 한 예로, 「홍역 동자 퇴치도(麻疹童子退治図)」(<자료 3>)라는 하시카에 부적 그림에서는 자고 있는 홍역 동자를 잡으러 온 에다루 대왕(忝樽大王)이 보이는데, 얼굴 모양이 혼인 등 축

---

17 홍역의 경우 에도시대에 총 13회 유행하였는데 쇼루이 아와레미노 레(生類憐みの令)로도 유명한 5대 장군 쓰나요시가 64세의 나이에 홍역으로 갑자기 사망하기도 하였고, 특히 1862년의 홍역으로 23만 9,862명이 사망하는 등 그 피해가 컸다. 加藤茂孝(2013)『人類と感染症の歴史』, 一未知なる恐怖を超えて一丸善出版, pp.1-185. "천연두를 심하게 앓으면 얼굴 외모가 좌우되고 홍역을 심하게 앓으면 목숨이 좌우된다(疱瘡の見目定め、麻疹の命だ定め)"라는 표현은 이러한 일본인들의 인식을 잘 드러낸다. 다만 속담과는 달리, 치사율로만 보았을 때는 천연두(33%-50%)가 홍역(15%)보다 더 무서운 질병이며 이러한 속담이 발생한 배경으로는 쓰나요시 장군의 예에서도 알 수 있듯이, 홍역이 유행하지 않았던 시기에 태어나 면역력이 없는 사람이 홍역 유행으로 갑자기 사망하는 등, 그 임팩트가 상대적으로 컸기 때문일지도 모른다.

〈자료3〉

하 의식에 쓰는 뿔 달린 술통인 쓰노다루(角樽)형태인 것도 흥미롭다.[18]

한편, 에도 말기의 일본에서 대유행한 외래 전염병이 있었으니 바로 콜레라이다. 발병 기간이 1주에서 2주 내외인 다른 역병들과는 달리, 콜레라는 기간이 3일로 비교적 짧다는 특징이 있다. 발병한 지 사흘(三日) 만에 '갑자기(コロリと)' 죽는다고 해서 '고로리(コロリ)'라고도 불렀다. '콜레라(コレラ)'라는 병명과 발음이 유사한 점도 있었겠지만, 음차하여 '호열랄(虎列剌)' 또는 '호열자(虎烈剌)'로 표기되었고 조선에서는 '호열자'가 일반적인 호칭이 되었다. 호열랄이 호열자가 된 배경에는 한자 '랄(剌)'이 '자(剌)'와 비슷하여 혼동하는 경우가 많았기 때문일 것이다.

원래는 인도 벵갈 지방의 풍토병이었던 콜레라가 영국에 의해 청나라를 거쳐 일본과 조선에 각각 전파되게 되는데, 일본의 경우, 에도 말기에 두 차례의 콜레라 대유행이 있었다. 1822년 콜레라 대유행 당시에는 중국에서 온 네덜란드 배를 통해 나가사키(長崎)로

---

18 역귀를 퇴치하는 존재에게 뿔이 달린 경우는 간잔 대사가 야차로 변신한 쓰노 대사의 예에서도 확인할 수 있는데, 이는 나쁜 기운을 물리치는 힘이 뾰족한 뿔에 담겨 있다고 믿었기 때문일 것이다. 정초에 집 현관 앞의 가도마쓰(門松) 장식에 구골나무(柊)의 뾰족한 잎사귀를 달거나, 세쓰분(節分) 때 집의 현관 장식에 역시 구골나무 잎사귀와 정어리 머리를 다는 것도 끝이 뾰족한 구골나무 잎사귀가 귀신의 눈을 찌른다고 믿었기 때문이다.

유입되었으나 하코네(箱根)에서 동진을 멈추었고 에도(江戸)는 피해를 면할 수 있었다.

하지만 1858년의 2차 콜레라 유행 때는 상황이 심각했다. 중국에서 온 미국 배를 통해 역시 나가사키로 유입되었는데 몇 개월 만에 홋카이도(北海道)까지 퍼졌고 사망자만 10만 명이 넘었다. 소위 안세이(安政) 연간의 콜레라 대유행이다.[19] 당시 콜레라 방지 부적 그림이 역시 유행하게 되는데 이 정체불명의 역병을 '고로리(虎狼狸)'라고 표기했던 것에서 자연스럽게 콜레라를 일으키는 역귀의 이미

〈자료 4〉

지는 '호랑이(虎)+늑대(狼)+너구리(狸 너구리의 음낭은 다다미 8장 넓이로 펼칠 수 있을 만큼 크다는 미신이 있으며 역귀 자료 그림에서 너구리를 상징하는 요소가 바로 과장되게 크게 그려진 음낭이다.)'의 합성 요괴로 그려지게 된다.(〈자료 4〉)

"임진왜란 때 조선에서 호랑이를 퇴치한 가토 기요마사(加藤淸正)의 손바닥 인영(陰影)을 집 문기둥에 붙이세요."라는 선전 문구에 날개 돋친 듯 팔린 콜레라 방지 부적 그림에는 그런 이유가 있었던 것이다.[20]

---

19 林志津江 訳(2015) 「北里柴三郎 「日本におけるコレラ」(1887年)」 『北里大学一般教育紀要』 20, 北里大学, pp.167-173.

20 참고로, 조선에서는 콜레라의 아픈 증상이 마치 호랑이에게 사지를 찢기는 고통 같기에 호열자라고 한다는 나름의 병명에 대한 짜 맞추기 해설이 등장하였

역병의 유행에 수반하는 인간의 신에 대한 맹목적인 신앙 내지는 미신으로 치닫는 현상은 확실한 치료법이 없었던 당시로서는 지극히 자연스러운 것이라 할 수 있다. 여기에서, 부적을 붙이는 행위의 어디까지를 신앙으로 볼 것이지, 어디까지를 미신으로 볼 것인지에 대한 경계가 애매하기는 하지만, 부적이 인간에게 공포를 줄여주고 마음의 위안과 용기를 준다는 긍정적인 측면도 고려한다면 미신이라고 해서 꼭 배척할 것까지는 없을 것이다.

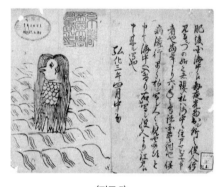

〈자료5〉

당장 2020년 봄에 일본에서 유행한 코로나 부적 아마비에(アマビエ)[21]를 비롯한 코로나 부적(<자료 5>)만 하더라도, 역병 퇴치 부적이 단순한 미신의 영역을 벗어나 마음의 위안 차원에서 용인되고 있음을 확인할 수 있다. 하지만 문제는 역병의 유행과 더불어 유포되는 미신과 유언비어, 그리고 가짜뉴스가 인간에게 피해를 주는 경우이다.

다. 한편 조선에서는 호랑이가 아닌 고양이 부적이 등장하였는데, 이는 콜레라의 증상이 마치 쥐가 다리를 갉아 먹는 것과 같은 통증이었기 때문이다.

21 1846년 4월 중순 구마모토(熊本) 앞바다에 나타나 앞으로 6년간의 풍년과 역병 유행을 예언하였다. 長野栄俊(2005)「予言獣アマビコ考—「海彦」をてがかりに」『若越郷土研究』49の2(福井県郷土誌懇談会), pp.20-30.

3. 미신과 유언비어, 그리고 가짜뉴스

역병이 유행하게 되면 자연스럽게 다양한 미신과 유언비어가 난무하게 된다. 그리고 그 대부분은 과학적인 근거가 없는 경우가 많다. 예를 들어 홍역을 가볍게 앓는 법을 소개한 하시카에 그림에서는 조롱박이 홍역에 좋다거나 메밀국수가 홍역에 좋지 않다는 등의 내용이 보인다.[22] 왜 조롱박이 홍역에 좋다고 생각했는지는 알수 없으나 메밀국수가 홍역에 좋지 않다고 생각한 발상에는 메밀 알레르기, 즉 진마신(蕁麻疹)의 두드러기 증세를 홍역의 발진 두드러기와 연관시킴과 동시에, 홍역을 뜻하는 하시카(麻疹)[23]와 한자가 같다는 이유에서일 것이다. 즉 과학적인 근거가 없는 것이다.

또 『호열자 퇴치(虎列刺退治)』(東京都公文書館所蔵) 그림에서는 콜레라의 특효약으로 매실 초(梅酢)를 소개하고 있는데, 호소에 그림에서는 매화가 천연두 퇴치에 좋은 것으로 그려진 반면, 하시카에 그림에서는 매실장아찌가 홍역에 나쁜 것으로 그려지는 등 일관성이 없다. 그리고 역병과 관련하여 특정 음식이 좋다거나 나쁘다는 식의 유언비어가 유포, 확산하는 현상은 근대기에 들어서도 어김없이 발생하였다.

---

22 홍역에 좋은 것으로 조롱박, 무, 금귤, 검은콩, 팥, 미역, 고구마를 들고 있으며, 홍역에 나쁜 것으로는 메밀국수, 생선류, 장어, 두부, 곤약, 매실장아찌, 토란, 복숭아, 계란 등을 들고 있다. 畑有紀(2015)「江戸後期文芸作品をめぐる食と養生」, 名古屋大学大学院国際言語文化研究科博士学位論文, pp.42-54.

23 홍역을 '하시카(はしか)'로 읽는 이유는 홍역의 증상인 '가렵다'라는 표현에 해당하는 일본어 '하시카이(はしかい)'에서 이 병명이 왔기 때문이다.

　예를 들어 1880년에 콜레라가 유행하였을 당시, 오사카시(大坂市)에서는 콜레라 예방을 위해 호박, 게, 한천(간텐 - 꼬물 꼬시래기(홍조류의 일종)로 만듦), 심태(도코로텐 - 우뭇가사리로 만듦), 톳(히지키), 대황(아라메) 등 소화에 나쁜 식품의 판매를 금지하기도 하였다.[24] 이 외에도, "탄산 음료를 마시면 콜레라 예방에 좋다."(1887년), "양파가 콜레라에 좋다!"(1888년)는 등의 유언비어가 유포되었는데 이로 인하여 '라무네(ﾗﾑﾈ)'가 날개 돋친 듯 팔려나가기도 하고, 그 이전까지는 양파로 만든 요리를 그다지 먹지 않았던 일본인들의 식습관에 변화가 생기기도 하였다. 역병의 유행과 수반하여 특정 음식이 좋다거나 나쁘다는 식의 유언비어는 물론 오늘날에도 여전히 발생한다. "가재 즙이 홍역에 좋다"(1970년대 한국)거나, "김치가 사스 예방에 좋다."(2003년 중국) 역시 마찬가지 경우라 할 수 있다.[25]

　하지만 문제는 이러한 유언비어가 무지와 오해가 아닌, 애초에 악의적인 의도에 의해 제작 유포된 경우이다. 예를 들어, 1693년 4월 하순, 에도에서는 '소로리 고로리(ｿﾛﾘｺﾛﾘ)'라는 정체불명의 역병이 창궐하여 1만 명 이상이 사망하였는데 이때, "매자 열매와 매실장아찌를 끓여 마시면 즉효가 있다고 말(馬)이 인간의 언어로 알려 줬다."라고 하는 유언비어가 나돌아 그 가격이 20배에서 최대 30배까

24　荻上チキ(2011)『検証 東日本大震災の流言・デマ』(光文社新書) 新書, pp.1-204.
25　2003년 사스(SARS) 유행 당시, 김치가 예방에 좋다는 가짜뉴스가 나돌아 당시 우리나라의 대중국 김치 수출이 전년 대비 348.1% 늘었던 적이 있었다. 한국인 중 아무도 사스로 인해 죽은 사람이 없는 것은 김치 때문이라는 가짜뉴스가 퍼졌기 때문이다. 『매일 경제』입력: 2020.2.3. 우한 폐렴 공포에…미국에서 김치 관심 폭발 https://www.mk.co.kr/news/society/view/2020/02/107919/ (검색일: 2020.9.30.)

지 폭등한 사례가 있었다.[26] '매자 열매', 즉 '난텐노미(南天の実)'는 '난(難)을 바꾸는(텐(転))' 힘이 있다는 말이 있었기 때문에 이 유언비어는 금세 먹혀들었다. 매자 열매와 매실장아찌가 빨간색이라는 점도 이 유언비어의 신빙성을 높여 주었다.

수사 결과, 이 유언비어는 야채 가게 주인과 낭인이 짜고 퍼뜨린 찌라시 낭설이었음이 밝혀졌다. 에도의 유명 라쿠고(落語) 작가인 시카노 부자에몬(鹿野武左衛門)의 하나시본(噺本) 작품『시카노 마키후데(鹿の巻筆)』에 보이는, 말(馬)이 사람의 말을 한다는 대목에서 범행의 힌트를 얻었다고 범인들이 자백하는 바람에 아무 죄도 없는 시카노 부자에몬이 체포되어 이즈(伊豆)의 오시마(大島)로 귀양을 가고 책은 출판 금지되기에 이르렀다.[27] 그리고 막연한 공포나 무지에 의한 오해이든 의도적이든, 그 유언비어의 내용이 막연한 공포를 조장하거나 누군가에게 역병 유행의 책임을 전가하는 경우가 있다.

예를 들어 994년(正暦5年) 6월 16일에 역신이 도성 거리를 지나갈 것이라는 유언비어가 유포되어 귀족에서 서민에 이르기까지 집 문을 닫고 일체의 거리 왕래를 하지 않았다(公卿以下庶民に至るまで門戸を閉ざして往還せず)는 기사가『니혼기랴쿠(日本紀略)』正暦5年 6月条에 보인다.

또 1878년에는 콜레라를 퍼뜨린 것이 구로후네(黒船)의 흑인이라는 소문이 요코하마에 퍼졌다. "배에 타고 있던 흑인이 해안에서 빨래할 때 하얀 거품(비누)을 바다로 흘려보내 물고기가 이를 삼켰고 이 물고기를 먹은 사람이 콜레라에 걸렸다."라고 하는 이 유언

---

26 宮武外骨(1911)『筆禍史』, 雅俗文庫, p.35.
27 宮武外骨(1911), 상게서, p.35.

비어를 당시 일본인들은 곧이 곧대로 믿었다.[28]

무지와 오해, 그리고 막연한 공포로 인해 발생하는 이 같은 역병 관련 유언비어들은 실제로 타인에 대한 구체적인 공격행위를 유발 하기도 하였다. 예를 들어, 지바현(千葉県) 가모가와(鴨川)에서 콜레라 방역을 하던 의사 누마노 겐쇼(沼野玄昌, 1836~1877)가 어민들에게 맞 아 죽는 일이 발생하였다. 그리고 그 이유는, "우물에 넣은 소독약 은 독약이다." 또는, "소독한다고 간을 떼어 간다."라고 하는 허무 맹랑한 유언비어가 나돌았기 때문이었다.[29]

또 인간이 정복한 몇 안 되는 역병 중 하나인 천연두가 우두(종두) 로 퇴치될 수 있다는 사실이 완전한 신뢰를 얻기 전인 초창기만 하 더라도 이러한 유언비어로 인해 우두 접종은 쉽지가 않았다. 오가 타 코안(緒方洪庵)이 1849년에 오사카에 우두를 놓는 접종소인 '제두 관(除痘館)'을 개설했을 때, "종두를 맞으면 소가 된다."라고 하는 황 당한 유언비어가 나돌아 오가타 코안이 사람들을 설득시키느라 애 를 먹은 것이 그러하다.

그리고 21세기를 사는 우리 앞에 등장한 새로운 형태의 유언비 어인 가짜뉴스가 역병의 유행과 더불어 맹위를 떨치게 된다. 가짜 뉴스는 뉴스의 형식을 취한 유언비어로 SNS를 통해 해당 글들은 짧은 시간 안에 불특정 다수에게 급속도로 확산하는 속성을 지니 고 있다. 유언비어와 가짜뉴스의 개념 정의는 나라마다, 학문영역 마다 조금씩 다른데, 유언비어가 주로 무지와 오해, 공포와 두려움

---

28 荻上チキ(2011), 전게서, pp.1-204.
29 荻上チキ(2011), 전게서, pp.1-204.

에 의해 발생하는 측면이 강한 데 비해 가짜뉴스는 애초부터 의도적
으로 속이려는 악의에서 비롯되는 측면이 강하다는 차이가 있다.

물론 내용 구성의 형식과 전파의 방식에 있어서도 가짜뉴스는
종래의 유언비어와는 차이점을 보인다. 유언비어가 주로 입에서
입으로 말의 형태로 퍼지는 데 반해, 가짜뉴스는 뉴스 문장 형식을
취한 글의 형태로 SNS를 통해 퍼진다. 그리고 유언비어는 전하는
사람이 친한 사람일수록 믿는 경향이 있지만, 가짜뉴스는 유명한
사람이 한 말이라거나 뉴스의 형식을 취하면 아무래도 사람들이
더 잘 믿는 경향이 있다. 그래서 가짜뉴스는 글의 신빙성을 높이기
위해 사회적으로 신뢰할만한 인물의 실명을 거론하며 마치 해당
인물이 그 사실을 언급한 것처럼 조작하는 방식을 흔히 쓴다.

그 구체적인 한 예로, 코로나 관련 가짜뉴스가 기승을 부렸던
2020년 봄 당시, 일본의 노벨 의학 생리학상 수상자인 혼조 타스쿠
(本庶佑) 교토대학 교수는 교토대학 홈페이지에 자신의 실명을 거론한
가짜뉴스에 속지 말 것을 당부하는 공개 성명 글을 올리기도 했다. 혼
조 교수가 중국 우한의 연구소에서 4년간 일했으며 코로나 바이러
스는 박쥐가 아닌 중국이 제조한 것이라 발언했다는 가짜뉴스가
SNS상에서 급속도로 유포 확산했기 때문이다.

사실 이러한 방식은 일본 고전 문학 등에서 흔히 보아 온 설화 등
의 서술 방식과도 유사한 측면이 있는데,[30] 코로나 사태 이후 전 세

---

30 일본 고전의 대표적 설화집인『곤자쿠 모노가타리슈(今昔物語集)』에서는 해당
    설화가 언제 어디서 누구에게 있었던 일인지 시기와 장소를 구체적으로 나타내
    는 방식을 쓰는데 이는 해당 설화의 신빙성을 높이기 위한 조치라 할 수 있다.
    그리고 에도 말기에는 누가 지어낸 우소바나시(嘘譚－거짓 헛소문)가 더 빨리

계에 확산한 상당수의 가짜뉴스가 이러한 원칙을 충실히 따랐음을 알 수 있다. 실제로 필자에게도 코로나 사태 이후 위의 원칙을 충실히 지킨 상당한 양의 가짜뉴스가 카톡을 통해 종종 전송되어 오곤 했다. 특히 2월 말에 필자의 카톡으로 전송되어 온 코로나 관련 가짜뉴스는 자칫 마음이 불안해지고 흔들릴 수도 있는 그런 내용이었다.[31]

그 가짜뉴스의 결말은 현 정부의 코로나 대책 비판이었고, 이 가짜뉴스를 최초로 퍼뜨린 사람의 의도는 이로써 명확해졌지만 누가 봐도 믿을 수 밖에 없는 진실을 거짓 내용과 교묘하게 뒤섞어 놓았기에 공포심이라는 적절한 배양환경만 조성되면 아무래도 해당 가

퍼지는지 내기를 하는 경우도 있었는데, 이때 우소바나시가 보다 잘 유포되기 위해 갖추어야 할 기본 조건이 바로, 구체적인 일시와 장소, 그리고 누구나가 신뢰할 만한 유명인의 이름 제시였다. 三田村園魚(1975)『三田村園魚全集第十卷』, 中央公論社, pp.78-81. 그리고 필자에게 온 카톡 가짜뉴스만 하더라도, '미국에서 코로나 백신을 만든 김종희 한의학 박사님의 아들', '연세대학교 약학대학 학장 한균희 교수팀', '우한 연구소로 파견되는 곽구영의 글', '시니어 과학기술인 활동을 함께 하는 S대 K대 명예 교수께서 보내주신 자료' 등등 권위를 담보해 줄 듯한 이름들이 거명되었다.

31 (이하 인용) "다음은 서울의대 졸업생들의 단톡방에 올라온 내용인데 현재 한국의 상황을 상당히 정확하게 분석하고 자가 대비책까지 제시한 내용이라 상당한 설득력이 있어서 참고하면 좋을 것 같습니다. ☆현황분석 1. 확진자가 천 명이 넘어가면 2주 후부터는 사망자들이 급격히 늘어날 수 있음. 2. 이렇게 되면 나도 감염되기 쉽고, 병원에 가는 것이 불가능해짐. 3. 현재도 선별진료소에서 감염되는 사례가 꽤 있다고 함. ☆대비책 비상약 준비: 아스피린, 애드빌, 타이레놀 등 비스테로이드성 소염제, 항생제, 진해 거담제 등을 미리 가능한 한 가족 수 대로 사 두세요. 병원의 입원실이 모자라면 할 수 없이 자가격리해야 하고 2주 이상 외부 출입도 불가하니 비상식량도 준비해야 합니다. 1000명의 확진자가 넘어갔다는 건 우리나라 사정으로 볼 때 '지역감염단계'로 들어갔다는 얘기입니다. 이 말은 어느 특정 지역이나 장소를 막기엔 늦었고 산발적으로 각 도시, 지방, 장소를 불문하고 광범위하게 확진자가 발생하는 현상을 말합니다. 이렇게 되면 내가 아무리 조심한다 해도 완전히 막기가 힘듭니다."

짜뉴스의 신뢰도는 상승하게 된다.

한편, 2020년 코로나 대유행 당시 일본에서 유포된 가짜뉴스의 경우, 특히 외국인을 겨냥한 내용이 많았다. "간사이(関西) 공항에서 중국인 관광객이 병원으로 후송되었으나 검사 전에 도망쳤다.(2020년 1월 24일 유포)"거나, "중국 우한에서 온 중국인 관광객 십여 명이 발열 증상을 보여 의료기관으로 보내졌다.(1월 31일경 유포)", 또는, "일본 국내 코로나 양성 확진자의 3분의 1이 외국인이다.(3월 31일 유포)"라고 하는 가짜뉴스가 그렇다.[32]

그리고 이러한 가짜뉴스에 편승한, 중국인을 비롯한 외국인에 대한 혐오가 일본 국내에서 차츰 구체화하기 시작하였다. 요코하마 중국인 거리의 몇몇 가게에 중국인에 대한 혐오와 차별을 담은 낙서 편지가 배달된 것이 그 좋은 예이다. 해당 편지에는 "중국인은 쓰레기다! 세균이다! 악마다! 민폐다! 어서 일본에서 나가라!"와 같은 차별적인 혐오 표현이 빨간 글자로 인쇄되어 있었다.

일본에서 중국인에 대한 차별을 조장하는 가짜뉴스가 횡행하게 된 가장 큰 이유는 물론 전염병의 최초 발원지로 지목되고 있는 중국에 대한 책임론이다. 그리고 거기에 기름을 붓는 사건이 일어났으니, 바로 일본국민의 사랑을 받았던 인기 연예인 시무라 겐(志村けん)씨가 3월 29일 코로나로 사망한 것이다. 이 일은 일본인들에게 큰 충격이었으며, 이는 중국인에 대한 차별과 혐오를 조장하는 가짜뉴스가 더욱 확산할 수 있는 환경이 조성되었음을 의미한다.

---

32 チェック済み情報まとめ(国内編) https://fij.info/covod-19virus-feature/national (검색일: 2020.9.30)

이처럼, 재난이 발생하였을 때 공격과 차별의 첫 번째 대상이 되는 사람들은 대개 외국인을 비롯한 그 사회의 소수집단, 즉 서벌턴일 경우가 많은데, 그것은 2011년 동일본 대지진 당시의 일본 거주 외국인을 겨냥한 유언비어 및 가짜뉴스의 확산을 봐도 충분히 알 수 있다. 『마이니치 신문(每日新聞)』(2017年 3月 13日 東京朝刊)의 기사에 의하면, 2011년 동일본 대지진 당시 동북지방에서는 외국인 범죄와 관련한 유언비어가 여럿 유포되었고 일본인들은 이를 주로 가까운 지인 등을 통해 들었다고 한다.

그 기사 내용에 의하면, 외국인의 약탈과 절도(略奪, 竊盜) 소문을 들은 적이 있는 사람의 비율은 무려 97%에 달했으며, 시체 훼손(遺体損壞 물에 부풀어 오른 시신의 손가락을 절단하여 반지를 훔쳐 갔다.)소문을 들은 사람이 24%, 강간 폭행(强姦, 暴行) 소문을 들은 사람이 19%였다. 또, 범인이 중국인이라고 들었다는 대답이 63%, 한국, 조선인이라고 들었다는 대답이 25%, 동남 아시아인이라고 들었다는 대답이 23%였다. 그리고 여기에서 특히 문제인 것은 이 가짜뉴스를 들은 사람의 86%가 이를 사실로 믿었다는 점이다.[33]

외국인에 대한 혐오와 공포를 조장하는 가짜뉴스는 2020년 봄 코로나 사태 당시에도 역시 유포되었는데 특히 중국인을 대상으로 한 것이 많았다. 중국인에 대한 혐오감정이 팽배한 데에는 물론 코

---

33 東日本大震災から6年。発生後に被災地で流れた「外国人犯罪が横行している」とのデマについて東北学院大の郭基煥教授が仙台市民に調査したところ、8割以上がデマを信じていたとする結果が出た。『毎日新聞』2020.3.13.「東日本大震災震災後のデマ「信じた」8割超す東北学院大, 仙台市民調査」
https://mainichi.jp/articles/20170313/ddm/004/040/009000c(검색일: 2020.9.30.)

로나 우한 발원설의 영향이 크다.

한편, 재일동포에 대한 차별 행위는 이번에도 역시 발생하였다. 사이타마시(さいたま市)가 관내 유치원 및 어린이집에 약 9만 장의 마스크를 배부할 때, 조선학교 부설 유치원만 제외한 것이다. 시 관계자는 마스크를 몰래 되팔지도 모르기에 관리 감독이 안 되는 조선학교는 제외하였다는 다소 궁색한 변명을 내놓았는데 이것이 문제가 되자 3월 13일, 마스크를 배부하기로 방침을 바꾸었다. 하지만정작 문제는 그다음이었다. 조선학교 교무실로 매일 같이 수십 통의 해코지 전화가 걸려 온 것이다. 마스크를 받으면 가만두지 않겠다거나 일본에서 떠나라는 식의 내용이었다.[34]

한편 한국인 역시 혐오를 조장하는 가짜뉴스와 코로나 차별로부터 자유롭지는 못했다. 국가인권위원회와 한국 인사이트 연구소 2020년 9월 22일 발표에 의하면 지난 1~5월 트위터, 페이스북 등 소셜 네트워크 서비스(SNS)와 블로그, 카페, 커뮤니티 글에서는 중국인과 신천지, 그리고 성 소수자를 겨냥한 혐오 발언이 한 달 전 대비 평균 3배 이상 늘었던 것으로 나온다. 1월 말에는 주로 중국인에 대한 차별 발언(총 184만 6249건)이, 2월 말에는 신천지 혐오 발언(8만 6451건)이, 그리고 5월 초에는 이태원 클럽 발 재확산과 관련하여 성 소수자에 대한 혐오 발언(43만 1437건)이 각각 크게 늘었던 것이다.[35]

---

34 『每日新聞』 2020.9.8. 「マスクが配られた朝鮮学校幼稚園が浴びた「ヘイトの嵐」そして…」 https://mainichi.jp/articles/20200826/k00/00m/040/037000c(검색일: 2020.9.30.)

35 우한 폐렴, 중국인 입국 금지 등 중국인을 겨냥한 차별 발언은 1월 초의 30%에서 1월 말의 82.8%로 거의 3배 가까이 늘었다. 또 신천지 관련 혐오 발언은 코로

2020년 봄 코로나 대유행 당시, 의도적이고도 악의적인 가짜뉴스는 비단 일본과 한국뿐만이 아닌 전 세계에서 홍수처럼 유포 확산하였다. 소위 가짜뉴스가 넘쳐나는 인포데믹 현상이 발생한 것이다. 그리고 무엇보다 흥미로운 사실은 혐오와 공포를 조장하는 악의적인 가짜뉴스일수록 믿는 사람이 더 많았다는 사실이다. 뜨거운 물을 마시면 코로나 예방에 좋다는 가짜뉴스를 사실로 믿은 일본인이 약 8%였던데 반해, 코로나 균이 중국의 생화학 무기 연구소에서 유출된 것이라는 가짜뉴스를 믿은 사람이 21%였다는 사실은 과연 무엇을 의미하는 것일까?[36]

4. 맺음말

2020년 코로나 팬데믹은, 역병의 유행이 이제는 한 국가만의 문제가 아닌 인류 공동의 문제가 되었음을 다시 한번 각인시켜주고 있다. 사스와 메르스 사태 때만 하더라도 역병의 유행이 이토록 인류의 공생을 위협하리라고는 아무도 예상치 못했다. 하지만 2020

나 이전 약 400건에서 2월 말 1만 3,000여 건으로 폭증하였고 대구 관련 부정적인 언급 역시 2월 초의 20%에서 2월 말의 60%로 3배나 늘었다. 성 소수자 혐오 표현 역시 4월 말의 1만 7805건에서 5월 중순의 3만 8198건으로 2배 이상 늘었다.『서울신문』 2020.9.23. 「약자에게 떠넘기는 코로나 시대의 혐오」 https://www.seoul.co.kr/news/newsView.php?id=20200923009015&wlog_ tag3=daum(검색일: 2020.9.30.)

36 「偽情報「信じて拡散」35%　総務省、コロナ関連調査」『日本経済新聞』 2020.6.20. https://www.nikkei.com/article/DGXMZO60601760Q0A620C2000000/(검 색일: 2020.9.30.)

년 코로나 팬데믹은 이제 역병의 유행이 인류 전체의 공생을 위협
하는 심각한 문제가 될 수 있음을 여실히 보여주고 있는 것이다.

문제는 가짜뉴스로 대변되는 인포데믹의 심각성과 그 후유증이
다. 코로나와 관련된 모든 가짜뉴스(뜨거운 물을 마시면 좋다거나 김치가 코
로나에 좋다와 같은)를 통제할 필요까지야 없겠지만, 의도적으로 특정
소수집단을 공격하거나 공포를 조장하는 악의적인 가짜뉴스만큼
은 분명 걸러 내야 한다고 본다. 그리고 이때 요구되는 것이 바로
중간 유포자의 자각이라 할 것이다. 그리고 무지에 의한 유언비어
이든 악의에서 비롯된 의도적인 가짜뉴스이든 그 속에 다른 인간,
특히 소수집단 등 사회적 약자에 대한 혐오와 배척을 조장하는 내
용이 담겨 있다면 그것이야말로 코로나 바이러스보다 더 나쁜 바
이러스일 것이다.

가짜뉴스는 인간의 불안과 공포를 파고드는 혐오를 담은 내용을
의도적으로 만들어 유포하는 사람들의 일그러진 내면의 표출에 다
름 아니다. 역병 유행에 수반하는 가짜뉴스의 유포와 확산으로 인
해 사회적 약자인 서벌턴이 피해를 입지 않도록 가짜뉴스 확산을
막기 위한 대책 논의가 진지하게 요구되는 시점이다.

| 참고문헌 |

금영진(2017)「흰 색 십이지 동물 상징성의 한일 비교」『동양학』제66집, 단국대
　　학교 동양학 연구원.

김서형(2014)「전염병과 소수집단 배제의 담론: 1918년 인플루엔자를 중심으
　　로」『대구사학』115, 대구사학회.

이시준(2012)「日本上代時代의 災難과 宗敎的對應方法」『일어일문학 연구』제80
　　집 1호, 한국일어일문학회.

荻上チキ(2011)『検証 東日本大震災の流言・デマ』(光文社新書) 新書

加藤茂孝(2013)『人類と感染症の歴史』, 一未知なる恐怖を超えて一丸善出版

鈴木堅弘(2018)「≪元三大師縁起絵巻≫からみるポリティクスと両大師信仰―近世天
　　台高僧絵伝の成立と天海の意向―」『京都精華大学紀要』第五十二号.

董伊莎(2016)「古代日本の疫病関連信仰における外来的要素について－平安時代の
　　御霊会を中心として－」『文化交渉』関西大学東アジア文化研究科院生論集.

長野栄俊(2005)「予言獣アマビコ考―「海彦」をてがかりに」『若越郷土研究』49の2(福
　　井県郷土誌懇談会)

畑有紀(2015)「江戸後期文芸作品をめぐる食と養生」名古屋大学大学院国際言語文
　　化研究科博士学位論文.

林志津江 訳(2015)「北里柴三郎「日本におけるコレラ」(1887年)」『北里大学一般教
　　育紀要』20.

三田村園魚(1975)『三田村園魚全集第十巻』中央公論社.

宮武外骨(1911)『筆禍史』雅俗文庫.

山口健司(2010)「鍾馗と牛頭天王－「郷儺」の伝来と日本化－」『年報非文字資料研究』
　　6, 神奈川大学日本常民文化研究所.

<자료1>『天明改正 元三大師 御圖繪抄』1785年 仙鶴堂発行.

<자료2> 歌川国芳『鎮西八郎為朝 疱瘡神』

<자료3>『麻疹童子退治図』

<자료4>『虎列刺退治』(1886年)

<자료5>『肥後国海中の怪(アマビエの図)』(京都大学附属図書館所蔵)

근세 시대 재해 속 서벌턴 피해자
1807년 에이타이바시(永代橋) 붕괴 사건을 중심으로

김 미 진

1. 머리말

　일본은 지진, 화산폭발, 해일, 홍수, 태풍, 전염병 등의 재해를 끊임없이 경험한 국가이다. 지금으로부터 약 10년 전인 2011년 3월 11일에 미야기 현(宮城県) 오시카(牡鹿) 반도 앞 해협 130km 지점에서 발생한 진도 9.0 동북대지진의 기억은 아직도 우리 기억 속에 또렷이 남아 있다. 이와 같은 재해는 비단 우리가 살고 있는 현대의 이야기만은 아니다. 일본의 고문헌에는 그들이 직면한 재해에 관한 기록이 생생하게 묘사되어 있다. 특히 일본의 근세시대(1603~1868)는 출판 기술의 발달과 함께 재해는 서적과 회화의 소재거리로 이

용되었다. 예를 들어서 1855년 에도를 중심으로 발생한 안세이(安政) 대지진의 피해 상황은 그 이듬해인 1856년에 『안세이 견문록(安政見聞録)』이라는 서적으로 간행된다. 그리고 지진을 일으키는 원인이라고 여겨진 '나마즈(鯰, 메기)'를 억누르는 모습을 그린 '나마즈에(鯰絵)'라는 다색 목판화가 대량으로 제작된다. 1862년에 있었던 홍역 대유행은 다양한 도상(圖像)과 문자로 홍역의 원인이 되는 존재를 억누르는 모습을 그린 '하시카에(はしか絵)'의 열풍을 낳았다.[1] 이와 같이 근세시대에는 재해를 소재로 다룬 작품이 다수 제작되었다. 근세 시대에는 자연 재해만이 아니라 화재, 붕괴 등의 인재도 끊임없이 발생했다. 본장에서는 1807년 에도에서 있었던 '에이타이바시(永代橋)'의 붕괴 사건에 주목하고자 한다.

에도 후카가와(深川)에 있는 도미가오카 하치만구(富岡八幡宮)의 하치만사이(八幡祭)는 간다사이(神田祭), 산노사이(山王祭)와 함께 에도를 대표하는 3대 축제로 손꼽혔다. 13년간 중지되었던 하치만사이는 원래 분카4(文化4<1807>)년 8월 15일에 개최될 예정이었지만, 우천(雨天)으로 19일로 연기된다. 오랜만에 열리는 하치만사이를 기대하고 있던 많은 사람들이 8월 19일 아침 일찍부터 후카가와로 건너갈 수 있는 다리인 에이타이바시로 몰리게 된다. 당일 오전 11시 경, 에이타이바시는 인파를 이겨내지 못하고 결국 무너지게 된다. 이로 인

---

1 근세시대의 재해를 소재로 다룬 니시키에(錦絵)에 대한 선행 연구로는 박병도(2020)「근세 말 일본의 재해와 회화 : <재해 니시키에> 범주의 가능성」『역사민속학』, 한국역사민속학회, pp.165-197이 있다. 안세이(安政) 대지진에 대한 선행 연구로는 김영호(2020)『안세이 대지진의 생생한 기억과 교훈-안세이 견문록-』, 제이앤씨, pp.1-234이 있다.

한 사상자는 기록에 따라 상이하지만, 약 1000~3000명에 이른 것으로 전해지고 있다. 이 또한 다리가 붕괴된 직후, 당시의 상황과 피해자의 모습은 문인들이 쓴 수필집 등에 생생하게 묘사되었다. 대표적인 작품으로는 오타 난포(大田南畝)의 『유메노 우키하시(夢の浮橋)』(성립 시기 미상), 산토 교덴(山東京伝)의 『유메노 우키하시(夢のうき橋)』(성립 시기 미상), 도시마야 주에몬(豊島屋十右衛門)『유메노우키하시 후로쿠(夢の浮橋附録)』(1808년 성립), 교쿠테이 바킨(曲亭馬琴)의 『도엔쇼세쓰요로쿠(兎園小説余録)』(1825년 성립), 산토 교잔(山東京山)의 『구모노이토마키(蜘蛛の糸巻)』(1846년 간행) 등이 있다.

에이타이바시의 붕괴 사건을 다룬 선행 연구로는 야마모토 가즈아키(山本和明)의 「京伝『夢のうき橋』紹介」와 「夢の憂橋: 永代橋落橋一件始末」이 있다.[2] 전자는 교덴이 쓴 에이타이바시 붕괴 사건에 관한 작품『유메노 우키하시』를 탈초한 것이고, 후자는 에이타이바시의 붕괴와 이 대참사가 당시 대중소설인 게사쿠(戱作)에 어떠한 영향을 끼쳤는지에 대해 논하고 있다. 그리고 편용우는 「江戸知識人の災難記録」에서 근세 시대에 있었던 눈 재해, 지진과 함께 에이타이바시의 붕괴 사건을 소개하고 있다.[3] 이와 같이 종래의 선행연구에서는 에이타이바시 붕괴 사건을 재해라는 관점에서 주목해 왔다. 본장

---

2 山本和明(1993)「京都『夢のうき橋』紹介」『相愛女子短期大学研究論集』40, 相愛大学, pp.84-94; 山本和明(1992)「夢の憂橋—永代橋落橋一件始末」『国文論叢』19, 神戸大学国語国文学会, pp.15-27.

3 편용우(2016)「江戸知識人の災難記録」『일본언어문화』37, 한국일본언어문화학회, pp.255-270. 그 외에도 편용우 씨는 정병호 · 최가형 편저(2018)『일본의 재난 문학과 문화』, 고려대학교 출판문화원, pp.74-79에서도 에이타이바시의 붕괴 사건을 소상히 소개하고 있다.

에서는 이와 같은 선행연구를 토대로 에이타이바시 붕괴의 원인과
재해에 휘말린 피해자 중 사회적 약자인 서벌턴 계층의 모습에 주
목하고자 한다.

2. 에이타이바시(永代橋) 붕괴 사건의 전말

먼저 '에이타이바시'는 과연 어떠한 다리였는지부터 살펴보
겠다.

〈그림 1〉 기타오 마사요시(北尾政美) 『에도메이쇼노에(江戸名所之絵)』

<그림 1>[4]은 19세기 초의 에도의 전경을 그린 기타오 마사요시(北尾政美)『에도메이쇼노에(江戸名所之絵)』(1803년 성립)이다. 그림의 중앙에 니혼바시(日本橋)가 위치하고 하단에는 도쿄 만(東京湾)으로 흘러가는 스미다가와(隅田川)가 그려져 있다. 스미다가와는 교통의 거점이 되는 중요한 장소로 에도에서 가장 번화한 곳이었다. 참근교대, 물류 운송 등에 사용되는 중요한 수로였으며, 다리가 많아 사람들의 이동이 많았던 곳이었다.

스미다가와에 가장 먼저 생긴 다리는 료고쿠바시(両国橋)이다. 길이 약 171미터이고 1661년에 건설된 되었고, 1696년에 재건되었으며, 이후 보수, 재건을 여러 차례 반복해서 겪었다. 료고쿠바시 다음으로 완성된 것은 신오하시(新大橋)로 길이는 약 200미터이고, 1693년에 완성되었다. 그 다음에 완성된 다리가 바로 에이타이바시이다. 에이타이바시는 스미다가와의 최하류에 위치하는 다리로 길이는 약 200미터이고, 1697년에 처음으로 가교되었다.[5]

사이토 조슈(斎藤長秋)의『에도메이쇼즈에(江戸名所図会)』卷1의「에이타이바시(永代橋)」(1834~1836년 간행)에는 에이타이바시의 모습을 <그림 2>와 같이 그리고 있으며, 다리의 역사에 대해서 다음과 같이

---

4 <그림 1>의 지명과 다리 명은 논자에 의한 것이다. 이하 본고에서 인용한 도상 자료 속 위치 설명은 논자에 의한 것임. <그림 1>의 인용은 早稲田大学図書館所蔵本(請求記号: chi05_03840)에 의한 것임.
   https://www.wul.waseda.ac.jp/kotenseki/html/chi05/chi05_03840/index.html
   (閲覧日: 2021.3.3)

5 료고쿠바시(両国橋), 신오하시(新大橋), 에이타이바시(永代橋)에 대해서는 高橋栄一(2020)「両国橋」・「新大橋」・「永代橋」『東京人: 橋と土木』7, 都市出版株式会社, pp.18-22; 松村博(2004)「享保期における江戸の橋の民営化について」『土木史研究』24, 公益社団法人土木学会, p.13을 참조했다.

기술하고 있다.[6]

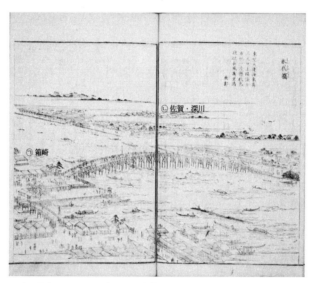

〈그림 2〉 사이토 조슈(斎藤長秋) 『에도메이쇼즈에(江戸名所図会)』卷1
「에이타이바시(永代橋)」

하코자키(箱崎)에서 후카가와(深川) 사가초(佐賀町)까지 놓인 다리이다. 젠로쿠(元禄) 11년 술인(戌寅, 1697)에 처음으로 이를 놓았다. 에이타이지마(永代島) 섬에 걸쳐 있기 때문에 이렇게 이름을 붙였다. 길이는 약 110간(間: 약 200미터 - 논자 주) 남짓. 이곳은 여러 지방으로 다니는 배가 많이 통과하는 요충지이기 때문에 다리가 매우 높다[주석: 이

---

6 <그림 2>의 인용은 早稲田大学図書館所蔵本(請求記号: 文庫10_06556)에 의한 것임.
https://www.wul.waseda.ac.jp/kotenseki/html/bunko10/bunko10_06556/index.
html(閲覧日: 2021.3.3)

다리가 가교되기 전에는 후카가와까지 배로 건넜다].[7]

위 인용문을 통해서 에이타이바시가 가교된 것은 1697년이라는 것, 다리의 길이는 약 200미터이며, <그림 2>의 ㉠부분인 하고자키초와 ㉡부분인 후카가와, 사가초를 잇는 다리임을 알 수 있다.

산토 교덴(山東京伝)은 『유메노 우키하시(夢のうき橋)』(성립 시기 미상)에 1807년의 에이타이바시 붕괴 당일의 정황을 <그림 3>[8]의 삽화와 함께 매우 상세히 기술하고 있다.

분카(文化)4년 히노토(丁卯, 1807년 – 논자 주) 가을 8월 15일 후카가와 (深川) 도미가오카(富ヶ岡)의 하치만(八幡) 제례(祭礼)가 13년 만에 열리게 되었다. 오랜만에 열리는 제례를 보고자 부녀자들은 당일이 되기만 을 손꼽아 기다렸지만, 14일에 비가 와서 15일 제례를 19일로 연기하 게 되었다. 그런데 18일도 비가 내려 구경하러 가려고 했던 사람들이 모두 실망하고 있었는데, 19일에 날씨가 쾌청해져 오전 4시 경부터 구경하러 온 사람들이 사방에서 몰려들어 우리도 후카가와를 향해 출 발했다. 남쪽으로는 시나가와(品川), 시바(芝), 교바시(京橋), 니혼바시 (日本橋), 서쪽으로는 아자부(麻布), 아카사카(赤坂), 이치가야(市ヶ谷), 고

---

7 箱崎より深川佐賀町に掛る。元禄十一年戊寅始て是を架せしめらる。永代島に架す 故に名とす。長凡百十間余あり。此所は諸国への廻船輻湊の要津たる故に、橋上至 て高し。[割註]此橋のかゝらざりし以前は、深川の大渡りとて、船渡しなりといふ。 (塚 本哲三編(1917)『江戸名所図会』1, 有朋堂書店, p.170)

8 <그림 3>은 山本和明(1993), 前掲論文, p.93에 의함. 원본은 大阪府立夕陽丘図 書館(請求記号: 210.Y6)에 소장되어 있음.

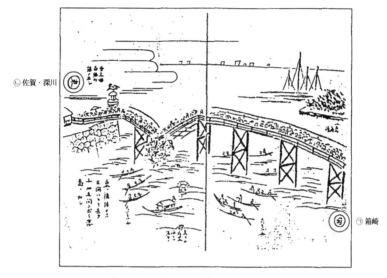

〈그림 3〉 산토 교덴(山東京伝) 『유메노 우키하시(夢のうき橋)』

지마치(麴町), 요쓰야(四谷), 혼고(本郷) 마로노우치(丸ノ內), 북쪽으로는
아사쿠사바시(浅草橋) 앞까지 구경하러 온 사람들로 가득했다. 그들은
에이타이바시를 건너 후카가와에 이르렀다. 그러나 에이타이바시는
이 당시 가설 다리였는데 정확히 몇 명인지 알 수 없지만 수 만 명 되
는 사람들이 여기저기에서 밀려와 다리를 건넜다. ㉠오전 11시쯤 다
리의 동쪽으로부터 3간(間: 5.4미터-논자 주) 부근을 레이간바시(靈岸橋)
시로카네초(しろかね町)의 니와토리 다시(鶏だし)가 다리를 건너자 이윽
고 다리가 무너지기 시작해, 14~5간(間: 25~27미터-논자 주) 정도가 무너
졌다. 구경하러 온 많은 사람들은 도망가다 넘어지고, 강물에 빠졌다.
다리에 매달린 사람의 소리, 앞뒤로 도망가려는 사람들의 비명 소리
가 천지를 뒤흔드는 것만 같았다. ㉡약 1000명 정도가 물에 빠졌고,

지나가던 배가 많은 사람을 구했지만, 사망자는 300여명에 이르는 고
금(古今) 미증유(未曾有)의 대 참사였다.[9]

다리가 무너진 것은 위 인용문의 밑줄㉠에 의하면 1807년 8월
19일 오전 11시 경으로 시로카네쵸(しろかね町)의 니와토리 다시(鶏だし)
가 지나갈 무렵이었음을 알 수 있다. <그림 3>은 다리가 붕괴하는
순간을 그린 것으로 니와토리 다시가 동쪽, 즉 삽화 속 ㉡사가, 후
카가와 쪽에서 출발해서 5.4미터 간 지점에서 무너졌음을 알 수 있
다. 그리고 다리 붕괴로 인한 피해 규모는 밑줄㉡에 의하면 1000여
명 정도가 빠졌으며 그 중 사망자는 300여명에 이른다고 기술하고
있다. 교덴이 이렇게 당시의 상황을 생생하게 기술하고 있는 것은
1807년 8월 19일 당일 교덴도 아내와 딸, 하인 2명과 함께 하치만
사이를 보기 위해 길을 나섰기 때문이다. 다행히도 교덴 일행은 에

---

9 文化四年丁卯秋八月十五日、深川富ヶ岡の八幡祭礼、十三年ぶりにて執行あり。神
   楽警固の者共花麗にいでたつよし其沙汰もつはらにてかれもゆきて見んこれもゆかん
   など婦人子供等いひのしりて當日のいたるを指をりてまちわびぬしかるに十四日雨天な
   るによりて十五日の祭礼のびて十九日になりぬ十八日も雨天にて見物の諸人力をおと
   しけるに十九日にいたりて快晴なりければ明七ツ時ごろより諸見物四方より出て我もくと
   深川の方へゆきぬ南は財品川芝京橋日本橋にいたり西は麻布赤坂市ヶ谷麹町四ッ谷
   或は本郷丸ノ内評は浅草橋手前までの諸見物総皆永代橋を越て深川にいたりぬしか
   るに永代事々時かり橋なりけるがいく万人といふ数を知らすあちおしこちおしひしめきあ
   ひて渡りけるにそ其日の四ッ半ごろ東の橋づめよりこなたへ三間ばかり去て橋桁、霊岸
   橋しろかね町鶏のだし橋を通るとただちにくつれおちけるとそおれくじけ十四五間ばか
   りくつれおち見物の諸人将某たふしにたふれていやがうへにかさなりあひて水中におち
   入橋のくつる音前後の人の逃さくる足のひずきあまたのいかつちのなりはためくがごとく
   諸人のおめきさけぶ声天地もくつるかと思ふはかりにありけるよしおよそ千人ほど水中
   におち入たるかたすけ舟にたすけられたる者おほく死亡人三百人におよびぬ誠是古今
   未曾有の大凶事なり寧日は是いかなる日そや暦をうつして左にあらわす。(山本和明
   (1993), 前掲論文, p.92)

이타이바시 붕괴 재해에 휘말리지 않았지만 먼저 귀가한 교덴이
아내와 딸의 안부를 걱정하여 편지를 보냈다는 기술을 그의『유메
노 우키하시』에서 확인할 수 있다.[10]

교덴과 동시대에 활약한 바킨도『도엔쇼세쓰요로쿠』에 에이타
이바시의 붕괴 사건에 대해서 다음과 같이 기술하고 있다.

> 당시 에이타이바시는 가교였으며 레이간지마(霊岸島), 하코 자키초
> (箱崎町), 료니이보리(両新堀) 등 9번(九番)은 배로 강을 건넜다. ㉠당일
> (19일−논자 주) 이 마쓰리의 3,4번이 건널 때인 10시경에 에이타이바
> 시에 모여든 사람들로 인해 남쪽 물가로부터 10~12미터 가량 되는
> 곳의 다리 기둥이 무너져 수몰된 남녀노소가 수천명에 이르렀다[주:
> 다음날까지 끌어올린 시신만 무려 480여명이었다. 그 외에는 알 수
> 없었다]. (중략) ㉡에이타이바시를 건너 갈 때 본 적이 있는데 다리의
> 난간에 썩은 부분이 있었다.[11]

바킨은 밑줄㉠과 같이 1807년 8월 19일 오전 10시경에 다리가

---

10 予が家にても妻百合、娘鶴、召使半助、金八両人を具して、彼祭礼見物に赴つる
 が、大幸高運にして、朝五ッ時前、家を出て、半時余はやく彼橋を越たれば、恙な
 く販宅しつされど、其安否を聞かざるうちは、一時ばかり心をいためぬ。其時、家僕
 をして妻の方へつかはしたる書簡を左に貼して後日のいましめとす。(山本和明
 (1993)、前掲論文, p.90)

11 永代橋當時かり橋に付、霊岸島、箱崎町、両新堀等の九番は、船にて河を渡せり。
 當日[割註]十九日」、この祭り三四番渡る折、巳の中刻、永代橋群集により、南の方
 水際より六七間の処の橋桁を踏落して、水没の老若男女数千人に及べり。[割註]翌
 日までに戸骸を引あげしもの無慮四百八十余人也。この外は知れず。」(中略)永代橋
 を渡りつる折、見たるに、彼橋の欄干の朽たる所あり。(日本随筆大成編集部編
 (1994)『日本随筆大成』2期6巻, 吉川弘文館, pp.25-27)

무너졌으며, 수몰된 인원은 수천 명에 이르며 파악된 사망자 수는 480여명이라고 사건의 피해 상황을 기술하고 있다. 그리고 밑줄ⓛ과 같이 다리의 관리 상태가 좋지 않았음을 함께 기술하고 있다.

도시마야 주에몬(豊島屋十右衛門)의 『유메노우키하시 후로쿠(夢の浮橋附録)』는 에이타이바시 붕괴 대참사의 이듬해인 1808년에 간행된 것으로 다리의 붕괴, 재건된 모습까지 자세히 묘사하고 있다.

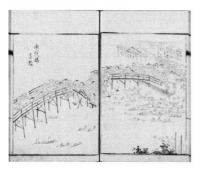 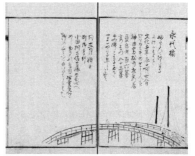

〈그림 4〉 도시마야 주에몬(豊島屋十右衛門) 『유메노우키하시 후로쿠(夢の浮橋附録)』의 에이타이바시(永代橋) 붕괴 순간

〈그림 5〉 도시마야 주에몬(豊島屋十右衛門) 『유메노우키하시 후로쿠(夢の浮橋附録)』의 에이타이바시(永代橋) 재건 모습

<그림 4>는 에이타이바시가 무너지는 순간을 그린 것으로 교덴의 삽화보다는 서쪽(하코자키 쪽)으로 진행된 곳에서 붕괴된 것으로 그리고 있다. <그림 5>는 1808년에 재건된 다리의 모습으로 "다시 새롭게 가교하여 분카 6년(1808년-논자 주)11월 28일에 처음으로 건너간 사람은 간다(神田) 도미마쓰초(富松町) 쇼에몬(庄右衛門) 가게의 조베에(長兵衛) 106살. 아내는 83살."[12]라고 복원된 다리를 처음 건너간 노부부의 모습을 본문과 삽화에서 그리고 있다.

3. 에이타이바시(永代橋) 붕괴 원인

본 장에서는 에이타이바시가 붕괴한 원인은 무엇인지에 대해서 살펴보겠다. 도쿠가와 막부의 역사적 기록인『속 도쿠가와 실기(続 德川実記)』에는 1807년에 해당되는 권이 결본 상태여서 이에 관한 막부 측의 기술을 확인하는 것은 불가능하다. 따라서 당시의 문인들의 기록물을 통해 에이타이바시의 붕괴 원인에 대해서 생각해 보고자 한다.

교쿠테이 바킨은『도엔쇼세쓰요로쿠』에 에이타이바시에 대해서 다음과 같이 기술하고 있다.

> 에이타이바시(永代橋), 오하시(大橋), 신오하시(新大橋)는[주: 일명, 아즈마바시(あづま橋)라고도 한다] 이제까지 다리의 남쪽과 북쪽 가에 판벽(板壁)으로 된 작은 집을 마련하여 관리자 두 명을 두었으며, 그들은 긴 대나무 자루를 단 조리(笊)를 들고 무사, 의사, 승려, 간누시(神主)를 제외하고는 다리를 건너는 자 일인당 2문(文: 약 24엔 - 논자 주)씩 받았다. 관리자는 사람이 다리를 건너려고 하는 모습을 보면 조리를 들이밀었으며, 그 사람은 돈을 조리에 던져 넣고선 다리를 건넜다. 이 때문에 다리가 썩어도 다리를 다시 놓는 일이 재빠르지 못하였다.[13]

---

12 ふたゝびあらたにかけかはりて文化五年辰十一月廿八日わたりそめせし人は神田富松町庄右衛門店長兵衛百六歳。妻はつ八十三歳(以下略). 본문과 <그림 4>, <그림 5> 삽화의 인용은 国会図書館所蔵本(請求記号:WA19-26)에 의함. https://dl.ndl.go.jp/info:ndljp/pid/2532339(閲覧日: 2021.3.3)

13 永代橋、大橋、新大橋は[割註]一名あづま橋とも云」是まで受負人ありて、橋の南北の詰に、板壁の小屋をしつらひて、番人二人をり、笊に長き竹の柄を付たるを持て、

바킨의 위 기록을 통해 1825년의 에이타이바시, 오하시, 신오하시의 운영 상태를 알 수 있다. 이 세 개의 다리의 양쪽 입구에는 판벽으로 만든 작은 집을 설치하여 무사, 의사, 승려, 간누시를 제외한 신분의 사람이 건너갈 때 약 24엔 씩 통행료를 지불했다는 점, 그렇지만 다리의 관리가 제대로 이루어지지 않아 썩은 부분이 있었지만 공사가 이뤄지지 않았다는 점을 알 수 있다.

에도 시대의 다리는 어떻게 관리가 된 것일까 생각해 볼 필요가 있다. 에도 막부는 스미다가와에 료고쿠바시, 신오하시, 에이타이바시 순서로 다리를 설치했으며, 앞서 언급했듯이 여러 차례 재건과 보수를 하며 관리했다. 하지만 막부가 관리해야 하는 다리의 개수가 126개에 달하자, 이를 유지, 관리하는데 년 간 수천 료(兩: 1료=13만 엔)의 돈이 필요했다. 막부는 경제적 부담이 큰 다리 관리에 어려움을 느껴 몇 개의 다리만 남겨두고 없애려고 했으나 반대에 부딪혀 민간에서 관리하는 조건으로 남겨두게 된다. 그리하여 교호년간(享保年間, 1716~1736)에 수 많은 다리가 막부 관리에서 민간 관리로 전환된다.

에이타이바시도 이와 같은 흐름 속에서 막부가 1719년에 철거를 결정했지만 민간에서 관리한다는 조건으로 살아남은 다리이다. 하지만 스미다가와와 도쿄 만이 닿는 곳에 위치한 에이타이바시는 해수로 인한 침식 피해가 컸기 때문에 교각의 부식이 심각했다. 그

武士、医師、出家、神主の外は、一人別に橋を渡るものより、銭二文づゝ取けり。人のわたらんとするを見れば、件の笊を差し出すに、その人、銭を笊に投げ入れて渡りけり。この故に橋の朽たるも掛更ること速ならず。(日本随筆大成編集部編(1994)、前掲書, p.29)

리하여 에도 막부는 1726년에 다리를 관리하는 마치가타(町方)에게 다리의 유지, 보수를 위해 무사를 제외한 통행인 1인당 24엔 씩 통행료를 징수하는 것을 허락했다.[14] 통행료 수입덕분에 에이타이바시는 순조롭게 관리되어 1729년에는 다리 전체를 교체하는 공사도 이루어졌다. 이후 1736년부터는 통행료를 1인당 12엔으로 줄였지만, 이후 1767년에 다리가 유실되는 사고 이후 제대로 복원되지 못 한 채 통행료만 다시 24엔으로 올리게 되었다. 이와 같이 에이타이바시 붕괴의 첫 번째 원인은 오랫동안 다리 관리가 제대로 이루어지지 않았음을 들 수 있다. 그 결과 앞의 바킨의 인용문처럼 다리가 썩은 채로 방치되어 있었던 것이다.

두 번째 원인은 에이타이바시 붕괴 사건을 바라보는 당신 문인의 기술을 통해 살펴보겠다. 에이타이바시 붕괴 사건을 기록한 오타 난포, 산토 교덴, 산토 교잔, 교쿠테이 바킨의 글을 보면 다리가 무너진 원인에 대한 기술에 차이가 보인다. 먼저 오타 난포『유메노 우키하시』를 이하 인용하겠다.

> 19일 오전 10시가 지나자 군중들이 몰려들어 "다리가 무너진다, 다리가 무너진다"고 외쳐도, 사람들은 아랑곳하지 않았다. 마침 다른 다리에서 18세 여성이 살해를 당하는 일이 벌어지자 구경꾼들이 이쪽으로 더 많이 몰리게 되었다. 게다가 다리 건너편에서 미코시(御輿)

---

14 에이타이바시의 민간 운영에 대해서는 日本国土交通省編(2013)『国土交通百書』104, 日本国土交通省, pp.6-7
https://www.mlit.go.jp/statistics/file000004.html(閲覧日: 2021.3.15)과 松村博(2004) 前掲論文, pp.9-16을 참조했다.

한 대가 출발을 하고, 또 반대편에서는 몰려드는 사람이 철봉을 들고 이쪽으로 몰고 있었다. 다리 위로 도망친 사람들에 더해 맞은편에서 사람들이 밀려들자 다리 동쪽 끝부터 2미터 정도만 남겨두고 무너져 내렸다. "다리가 무너졌다. 다리가 무너졌다"고 외쳐도 사람들이 믿지 않았는지 더욱 밀려들었다.[15]

에이타이바시 붕괴의 원인을 사람들이 몰려들었기 때문이라고 기술하고 있다. 이에 반해 산토 교덴은『유메노 우키하시』에서 다음과 같이 적고 있다.

이 때 히토쓰바시 님(一橋様)의 배 한척이 에이타이바시 밑을 통과하려고 했기 때문에 다리를 지키는 관리가 이를 보고 빈 배였음에도 불구하고 높으신 분의 배이기 때문에 다리에 임시로 줄을 묶어 왕래를 금했다. 다리를 건너려던 사람들은 실망하여 원망하며 불평을 털어 놓았다. 몇 천 명이나 되는 사람들이 어깨를 맞대고 서로 발을 밟을 정도로 입추의 여지가 없는 상태였다. 배가 통과하기를 초조하게 기다리던 사람들은 이윽고 밧줄이 풀리자 몇 천 명의 사람들이 소리를 지

---

15 十九日四ツ時過、群集をなし、やれ橋が落る、それ橋が落るといへども、人々更に不聞入、折節本所しゆもく橋辺にて、十七八歳の女首を切落され候由にて、是へ参る人に、祭の人一ぱいに相成、折から橋向へ一番のだしを引出せしを、それ祭が渡る、と云程こそあれ、エイノ＼声にて、又向にはかさなる人にて、鉄棒をふり廻し打はらへば、橋の上へ逃上り、此方からは押かかり候折ふし、東の橋詰より一ト間残し、翌十二間程二ツに折て落けるにぞ、又、跡より押落し候人幾ばくの由、やれ橋が落た／＼、と呼はれども、偽とのみ心得しにや、却て押もあり。(森銑三の外二人 (1979)『燕石十種』第四巻, 中央公論社, p.171)

105

르며 건너는데, 발소리는 마치 우레와 같았고 큰 파도가 바위를 넘는 것과 같은 기세였다.[16]

히토쓰바시 님이라는 쇼군 집안의 배가 에이타이바시 아래를 통과하려 하자 빈 배였음에도 불구하고 사람들의 다리 통행을 금지시킨 것이다. 도미가오카 하치만사이를 보기 위한 인파는 히토쓰바시 님의 배가 지나갈 때까지 다리를 건너지 못하고 기다려야만 했고, 배가 통과하자 인파가 몰려들었다고 당시의 상황을 기술하고 있다. 이와 같은 당시의 상황은 교덴의 남동생인 산토 교잔의『구모노 이토마키』와 바킨의『도엔쇼세쓰요로쿠』에서도 확인 가능하다.

(1) 분카 4년(1807년) 정묘년 8월 29일(교잔이 19일을 29일로 오기 – 논자 주), 후카가와 하치만(深川八幡) 제례일 오전 10시경에 귀중한 선박(신분이 높은 집안의 선박 – 논자 주)이 에이타이바시(永代橋)의 아래를 지나간다고 하여 배에 사람이 타고 있지 않았음에도 다리 관리인이 가장자리에 줄을 쳐서 사람들을 건너지 못하게 하였다. 모처럼의 제례였기 때문에 구경 나오지 않은 집이 없었다. 시각은 10시였다.[17]

---

16 此時一ツ橋殿の御坐船、永代橋の下を過らんとするゆへ、橋役の者、是を見て空船ながら高貴を重んじ、仮に縄を橋に張りて、往来を停しゆへ、渡らんとせし人、望みを失ひ、口々に恨み罵りつゝ幾千人こゝに群り、肩は肩を摩り、足は足を踊て、錐を建べき処もなく、かの御船の通るを待わびけるに、しばしありて、いざ通るへしとて縄をひきければ、待わびたる幾千人、同音に声を挙て橋をかけと駈け通る足音、千雷をなし、巨濤岩を越の勢ひをなしける。(山本和明(1993), 前掲論文, p.88)

17 文化四年丁卯八月二十九日、深川八幡祭礼の日、朝四つ時比、貴重の御船、永代橋の下を通るとて、空船なあれども、橋番人縄を橋のきはに引張りて、人を留めけるに、珍らしき祭礼ゆる、千家万戸見ざるはなく、時刻は四つ時。(日本随筆大成編集

(2) 그 때 히토쓰바시(一ツ橋)님이 구경을 오셔서 하인들은 저택에 들여보내어졌다. 배로 지나가게 되어있었기 때문에 10시부터 사람 통행을 금지시켜 다리를 건너지 못하게 하였다. 이 때문에 북쪽 다릿가에 구경 온 양인과 천인들이 모여들어 그 수가 수만명에 달했다. 그리하여 배가 지나가고 나서 빠르게 건너라고 하지도 않았다. 수만명의 군중이 소란스럽게 일어나서 각자 앞을 다투었기 때문에 가장 먼저 건넌 자는 무사히 건넜다. 그 후의 급한 기세로 갑자기 다리가 무너져내렸다.[18]

(1)은 『구모노 이토마키』, (2)는 『도엔쇼세쓰요로쿠』에서 인용한 것이다. 두 인용문의 밑줄 부분과 같이 교잔은 당일 '귀중한 선박', 바킨은 '히토쓰바시 님'이 타신 배가 지나갔다고 언급하고 있다. 이와 같이 에이타이바시 붕괴의 두 번째 원인은 쇼군(將軍) 집안의 배를 우선적으로 통과시키기 위한 다리 통행금지에 있다.

여기에서 하나 주목해야 할 점은 에이타이바시 붕괴의 원인에 대 해서 오타 난포는 많은 사람이 몰렸기 때문에 하중을 이기지 못하고 붕괴한 것이라고 주장하고 있다는 것이다. 이에 반해, 산토 교덴, 교잔, 교쿠테이 바킨은 히토쓰바시 집안의 배를 우선적으로 통과시키기 위한 통행금지 때문에 인원이 적체되어 일시에 많은 사

部編(1994) 『日本随筆大成』 2期7巻, 吉川弘文館, p.325)

18 折から一ツ橋様、御見物の為にや。御下やかたへ入らせらるゝ。御船にて御通行ありしかば、巳の時より人の往来を禁めて、橋を渡させず。この故に北の橋詰に、見物の良賤、弥が上に聚合たれば、数万人に及べり。かくて御通行果てゝすは渡れといふ程しもあらず。数万の群集立騒て、おのおの先を争ひしかば、真先に渡りしものは、恙もなく渡り果しにけり。迹より急ぐ勢ひにて、忽橋を踏落しけり。(日本随筆大成編集部編(1994) 『日本随筆大成』 2期6巻, 前掲書, p.25)

람이 다리를 건너게 되어 붕괴한 것이라는 의견을 제시하고 있다. 즉 하급 관리였던 오타 난포는 에이타이바시가 무너진 것이 통행 금지 적체로 인한 것이라고 전하고 있지 않음에 주목하고 있다. 이에 대해 편용우는 관리였던 난포가 자칫 붕괴 참사의 원인을 쇼군(将軍)에게 돌리는 이야기를 듣고도 못 들은 체 했을 가능성을 지적하며, 출판에 대한 검열이 심했던 에도 시대였기에 더욱 그랬을 것이라 추정하고 있다.[19] 실제로 에이타이바시 붕괴 사건은 당시의 대중 소설인 요미혼(読本)이나 고칸(合巻)의 소재로는 이용되지 않았다. 이에 대해서 야마모토 가즈아키는 1807년 9월 내려진 출판 통제 관련 조항에 유행이나 소문과 관련된 것을 소재로 사용해서는 안 된다는 조항이 있음을 지적하고 있다.[20] 이와 같이 에이타이바시의 붕괴 원인을 기술한 내용에 차이가 발생한 것은 작가의 입장에 따라서 정치권력을 의식하는 정도가 달랐기 때문이다.

4. 에이타이바시(永代橋) 붕괴 사건의 피해자 : 오타 난포의 『유메노 우키하시』를 통해서

오타 난포의 『유메노 우키하시』에는 에이타이바시 붕괴로 인한 사상자의 피해 규모를 정리한 마치부교(町奉行)의 공문서(公文書)가 함께 실려 있다. 그 중에는 사상자의 규모를 알 수 있는 다음과 같은

---

19 정병호·최가형 편저(2018), 앞의 책, pp.75-79.
20 山本和明(1992), 前掲論文, p.16.

기록이 실려 있다.

> 에이타이바시 붕괴로 물에 빠져 죽은 사람 732명
>
> 내역
>
> 무사(武士) 86명
>
> 조닌(町人) 424명
>
> 여자 105명
>
> 남녀 아이 76명
>
> 반사반생(半死半生) 200명
>
> 인도자가 없는 시체 11명(이하 생략).[21]

에이타이바시 붕괴로 사망한 사람은 무사가 86명, 조닌은 이의 5배에 달하는 424명이었음을 알 수 있다. 그리고 이 중에서 '인도자가 없는 시체 11명'은 비록 나중에 인도자가 나타났을지라도 이 공문서가 쓰인 시점에서는 아무도 찾지 않았다는 점에서 그 신분이 무엇인지 의문이 들 수밖에 없다. 당시 대부분의 시체가 인도되었고 이름이 밝혀졌다는 점을 보았을 때 이 11명이라는 수치가 지닌 의미가 작지 않다는 점을 알 수 있다.

『유메노 우키하시』에는 사망자의 신분과 이름, 나이가 명기되어 있는 내용도 실려 있다. 그 일부를 발췌해 보면 다음과 같다.

---

21 永代橋水死人七百三十二人、内、武士八十六人、町人四百二十四人、女百五人、子供男女七十六人、半死半生之者二百人、死骸引取人無レ之者十一人(以下略)(森銑三の外二人(1979), 前掲書, p.205)

에이타이바시가 무너졌을 때 물에 빠져 죽은 사람 중, 인수 인에게
인도된 자, 그리고 인도된 후 성명이 밝혀진 자들이다.

· 마쓰다이라(松平) 사쓰마노카미(薩摩守) <u>주겐</u>(中間)

긴파치(金八) 35살

· 오와리도노(尾張殿) <u>도신</u>(同心)

마쓰바라 리에몬(松原利右衛門) 44살,

미즈노 시게베에(水野茂兵衛) 50살 (중략)

· 시바구치(芝口) 1초메(壱丁目) 서쪽 미나모토 사에몬(源左衛門) 가게
야베에(弥兵衛)의 <u>하인</u>(召仕) 와스케(和助) 31살

· 기지초(雉子町) <u>히닌</u>(非人) 가스케(嘉助) 47살 (이하 생략)

이상의 인원은 마치가타(町方) 겐시(検使)[22]가 확인한 것에 의한다.
19일 밤 8시까지는 겐시가 없어서 반즈케(番付)로 시체를 인도했기 때
문에 밤이 되어 도적도 위명(偽名)으로 인도 받아 의류 등을 훔쳤다는
풍설도 있다.[23]

인용문에서 확인할 수 있는 신분은 주겐(中間), 도신(同心), 하인(召

---

22 마치가타(町方)는 마치(町)나 조닌(町人)에 관한 사법, 행정 등의 업무를 관할하
는 마치부교(町奉行) 산하의 하급 관리로 그 중 '겐시(検使)'는 어떤 사건의 사실
을 조사하거나 검시(検屍)하기 위하여 파견된 사자(使者)이다.
23 永代橋損落候節、水死いたし、引取人へ引渡候もの、並引取帰り候後に相果候姓名、
松平薩摩守　中間　金八　35歳
尾張殿同心　松原利右衛門44歳、水野茂兵衛　50歳　(中略)
芝口壱丁目西側源左衛門店　弥兵衛　召仕　和助　31歳
雉子町抱　非人　嘉助　47歳 (中略)
右之人数は、町方検使を受候分なり。十九日夜八時までは検使なくして、番付にて
引取候者に渡し候由、夜に入て、盗賊ども偽名を以て引取、衣類等を奪ひ候やうな
る風説有レ此。(森銑三の外二人(1979), 前掲書, pp.179-205)

仕), 히닌(非人)이다. 이 중 주겐, 도신은 하급무사를 가리키는 신분 용어이다. 주겐은 전투에 참가하는 경우도 있었으나 평상시에는 무사 집안의 잡무를 맡아서 하는 사람을 뜻하며, 도신은 주로 경비 업무를 맡는 사람을 뜻한다. 두 신분 모두 무사 계급 중에서도 가장 낮은 신분을 가리키고 있는데 에이타이바시 붕괴 사건 당시 피해 자 명단에 포함되어 있었다. 그리고 하인은 말 그대로 잡무를 도맡 아 하는 사람을 뜻하는데, 위 인용문에서는 와스케(和助), 도미고로 (富五郎; 하인이라는 표기가 생략되어 있지만 앞 문장의 신분을 받아 하인 신분으로 보 여짐)라고 이름이 명기되어 있다. 마지막으로 히닌(非人) 신분인 가스 케(嘉助)라는 인물의 이름이 표기되어 있다.

이 공문서는 하급무사뿐만 아니라 하인이나 히닌 신분의 피해자 이름까지 상세히 기록되어 있다는 점이 특징적이다. 참고로 피해 자의 이름을 살펴보면 하급무사는 성과 이름이 있는 반면에 하인 과 히닌은 성이 없이 이름만 있다는 점을 알 수 있다. 일본에서는 서민이라도 성을 가질 수 있었지만, 에도시대에는 묘지타이토(苗字 帶刀)라는 막부의 정책으로 인하여 무사 계급이나 일부 특권을 지닌 서민을 제외하고는 공식적으로 성을 밝힐 수 없었다. 따라서 이 공 문서에도 성을 제외한 이름만 표기되어 있는 것이다.

다음으로 『유메노 우키하시』에 수록되어 있는 에이타이바시 붕 괴 사건의 피해자 중 신분이 낮은 사람의 피해 상황에 관한 기록을 살펴보도록 한다.

덴즈인(伝通院: 현 도쿄 분쿄구[文京区]) 주변을 관리하는 쇼에몬(松右衛

111

門) 시게조(しげ蔵)라는 사람의 부하 중에 아사쿠사(浅草)에 있는 조그마
한 집(小屋)에 사는 시게하치(しげ八)라는 히닌(非人)이 물에 빠졌다. 이
자는 수영을 아주 잘 했기 때문에, 시게하치의 머리에 12~13살 정도
의 아이가 매달려 "살려주세요"라고 외쳤다. 시게하치는 그 아이에게
"꼭 붙잡아라"라고 하였다. 그 때 또 다시 7살 정도의 아이가 그 아이
(12~13살 정도의 — 논자 주)에게 매달렸다. 시게하치는 12~13살 정도의
아이에게 자신의 머리를 잡게 하고 어린 아이는 그 아이를 붙잡게 하
였다. 그리고 여러 명이 시게하치의 다리를 붙잡았기에 "나도 위험
해"라며 뿌리치면서 "그리하면 살 수 없다"라며 물 밖으로 헤엄치니
그 7살짜리 어린 아이가 물에 빠졌다. 시게하치는 그 아이를 겨우 붙
잡아 겨드랑이에 껴안아 한 손으로 헤엄쳐 물가에 다다라 그 아이 두
명을 살려 주었다. 그리고 그날 밤 그 히닌은 작은 집으로 돌아갔는데
열이 펄펄 났다. 의사가 보더니 "살기 어렵겠다"라고 했다. 어떻게 해
도 약이 들지 않았고 가엾게도 그날 밤 죽었다. 그 아이의 부모들이 찾
아 와서 죽었다는 사실을 듣고 유감스럽게 생각하여 그 히닌의 시주
(施主)가 되어 마음 깊이 공양했다.[24]

---

24 伝通院前辺を廻る松右衛門しげ蔵とて、手下に浅草の小屋にてしげ八と云非人、水
　へ落たり、此者水練達者なりけるに、しげ八があたまへ、十二三計の童つかまり、た
　すけて下され、とわめく故、しげ八かの童へ、よくつかまりてよ、といふ所へ、又七ツ
　計の子、かの童にとりつきたり、彼しげ八、童をあたまへとりつかせ、おさな子は童に
　取つかせしに、兎角大勢しげ八が足へとりつきければ、己もあやうしと、漸々はらひの
　けつゝ、かくては叶はじと、水上へおよぎけるに、かの七ツ計りのおさな子水へ落た
　り、やうノ\としてつらまへ、こわきにかひこみて、片手にて水をかき、岸へつき、か
　の子ども二人をなげ上て助たるはあやふし、かくて、其晩かの非人小屋へ帰りいねし
　に、大熱なり、医師に見せければ、これはとてもたすからじ、水にて心をもみきりけれ
　ば、いかんとも薬も及ばじ、哀なるかな、其夜死せし、彼子供の親共尋行しに、死せ
　しよしを聞て、ほいなく思ひ、かの非人の施主になりて、あつく供養せしとぞ。(森銑

히닌은 에도시대의 천민 신분을 가리키던 말로 히닌고야(非人小
屋)에 소속되는 경우가 일반적이었다. 이 인용문에 나오는 시계하
치도 작은 집(小屋)에 살던 히닌인데 에이타이바시 붕괴 사건 때문
에 물에 빠졌지만 수영 실력이 뛰어나 아이 둘을 구하였다. 하지만
그는 집에 돌아간 후 몸 상태가 안 좋아져 그날 밤 죽고 말았다. 이
일화는 히닌이라고 하는 천한 신분을 가진 사람이 아이 둘을 구하
고 자신은 병을 얻어 죽고 말았다는 이야기인데, 이후 아이의 부모
들이 그 히닌의 시주가 되어 마음 깊이 공양했다는 점에서 미천한
신분에 대한 사람들의 인식을 엿볼 수 있다. 다음으로 시각장애인
의 피해 사례를 살펴보겠다.

> 아카사카 히토쓰기(赤坂一ツ木)의 칼집 장인인 아무개의 집 뒤에 센
> 카(仙哥)라는 장님이 있었다. 그의 아내가 칼집 장인의 권유로 외출하
> 였는데 칼집 장인 부자가 물에 빠져 죽었다. 센카의 아내는 구조선을
> 타고 목숨을 건져 귀가하였다. 여차여차 무서운 경험을 하였다며 떨
> 리는 목소리로 이야기를 하는데 칼집 장인의 아내들이 달려와 "내 남
> 편은 어떻게 되었느냐, 내 아이는?"이라고 말하며 울부짖었다. 그러
> 자 센카의 아내가 갑자기 벌떡 일어나서 팔을 벌려 "살려주세요. 살
> 려주세요"라고 외쳤다. 그러한 괴로운 체험을 하고 나서 광기가 서린
> 것이었다. 센카는 장님이라서 미친 여자를 다룰 수 없었다. 바로 부모
> 곁으로 보내어 치료하게 하였다.[25]

三の外二人(1979), 前揭書, p.185)
25 赤坂一ツ木鞘師某がうらに、仙哥といふ盲人あり、其妻、鞘師にいざなはれて出行け

시각장애인은 사회적 약자에 속한다고 볼 수 있다. 인용문은 에이타이바시 붕괴 사건의 피해를 입은 여성의 남편이 장님인데 이웃의 죽음과 아내의 정신적인 충격을 마주하고서도 손을 쓰지 못하는 장면을 그리고 있다. 사건의 직접적인 피해를 입지는 않았으나 상대적으로 약자에 속한 인물의 고충을 일화로 다루며 에이타이바시 붕괴 사건을 전하고 있다.

5. 맺음말

에이타이바시 붕괴 사건은 일본 근세 시대의 대표적인 인재로 기록되어 있다. 약 1000~3000명이라는 사상자 수는 비록 기록에 따라 다르다고 할지라도 하나의 다리가 붕괴되어 발생한 피해자의 수라고 하기에 많다고 할 수 있다. 본장에서는 당시 사건을 기록한 여러 기록물을 통하여 붕괴의 원인과 피해 상황을 파악해 보고 그 속에 나타난 서벌턴 피해자의 모습을 소개하고 분석하였다.

근세 시대의 문인들이 집필한 작품과 기록을 통하여 제대로 관리가 되어 있지 않은 다리에 많은 사람이 몰려들었음을 알 수 있었

るに、鞘師親子は水に入て死す、仙哥が妻は、助け船にのせられて、危き命ひろひて家へかへり来り、しか〴〵おそろしきめをみつ、とて声ふるはしつゝ語り居けるに、鞘師の妻たちはしり来て、我夫はいかに、我子は、などいひて声をたてゝ泣騒ぎければ、仙哥が妻、俄についとたちて、手をひろげて、たすけ給へ〳〵、と呼びける、さるうきめを見てより狂気しけるとなり、仙哥は盲人なれば、狂女を扱ふ事叶はず、やがて親の元へ遣はし、療治させけるとぞ。(森銑三の外二人(1979)、前掲書, pp.181-182)

다. 쇼군 집안의 배가 다리 아래를 지나가는 일련의 과정 속에서 적체되어 있던 사람들이 일시에 다리를 건너가게 되며 무너진 것이다. 하지만 그런 가운데 하나의 사건을 두고 기록자에 따라 그 내용이 달라졌다는 사실도 찾아볼 수 있었다. 기록을 남길 때 기록자의 신분과 입장에 따라서 정치권력을 의식하는 정도가 다르다는 점도 함께 고려해야 할 것이다.

또한 오타 난포의 『유메노 우키하시』에는 에이타이바시 붕괴 사건의 피해자를 둘러싼 이야기는 다양한 사연과 함께 묘사되어 있는데, 그 중에는 사회적 약자 계층을 중심으로 한 일화가 가장 많이 실려 있다. 본고에서 소개한 히닌과 시각장애인의 사례 외에도 다비(足袋)를 파는 이, 생선 가게 종업원, 깨진 도자기를 수리하는 사람, 보리밥을 파는 사람, 채소 가게 사람, 떡 장사꾼 등의 비참한 피해 상황이 생생하게 묘사되어 있다. 특히 난포가 인용한 공문서의 '인도자가 없는 시체 11명'의 신분과 이름에 대한 면밀한 조사가 가능하다면 사회적 약자의 피해 상황을 보다 정확히 파악할 수 있을 것이라 생각된다. 그리고 근세 시대의 다른 재해 상황과 그 속에 놓인 사회적 약자의 피해 사례를 분석할 필요가 있다. 이는 향후의 연구 과제로 삼고자 한다.

| 참고문헌 |

김영호(2020)『안세이 대지진의 생생한 기억과 교훈－안세이견문록－』, 제이
앤씨.
박병도(2020)「근세 말 일본의 재해와 회화 : <재해 니시키에> 범주의 가능성」
『역사민속학』, 한국역사민속학회.
정병호・최가형 편저(2018)『일본의 재난 문학과 문화』, 고려대학교 출판문화
원.
편용우(2016)「江戸知識人の災難記録」『일본언어문화』 37, 한국일본언어문화
학회.
＿＿＿＿(2018)『일본의 재난 문학과 문화』 고려대학교 출판문화원

高橋栄一(2020)『東京人 : 橋と土木』7, 都市出版株式会社.
塚本哲三編(1917)『江戸名所図会』1, 有朋堂書店.
日本随筆大成編集部編(1994)『日本随筆大成』2期6巻, 吉川弘文館.
＿＿＿＿＿＿＿＿＿(1994)『日本随筆大成』2期7巻, 吉川弘文館.
松村博(2004)「享保期における江戸の橋の民営化について」『土木史研究』24, 公益
社団法人土木学会.
森銑三の外二人(1979)『燕石十種』第四巻, 中央公論社.
山本和明(1993)「京都『夢のうき橋』紹介」『相愛女子短期大学研究論集』40, 相愛大学.
＿＿＿＿(1992)「夢の憂橋―永代橋落橋一件始末」『国文論叢』19, 神戸大学国語国
文学会.

北尾政美『江戸名所之絵』早稲田大学図書館所蔵本(請求記号 : chi05_03840)
https://www.wul.waseda.ac.jp/kotenseki/html/chi05/chi05_03840/index.
html(閲覧日 : 2021.3.3)
斎藤長秋『江戸名所図会』巻1 早稲田大学図書館(請求記号 : 文庫10_06556)
https://www.wul.waseda.ac.jp/kotenseki/html/bunko10/bunko10_06556/
index.html(閲覧日 : 2021.3.3)
豊島屋十右衛門『夢の浮橋附録』国会図書館所蔵本(請求記号 : WA19-26)
https://dl.ndl.go.jp/info:ndljp/pid/2532339(閲覧日 : 2021.3.3)
日本国土交通省編(2013)『国土交通百書』104, 日本国土交通省
https://www.mlit.go.jp/statistics/file000004.html(閲覧日 : 2021.3.15)

문화권력과 서벌턴 피폭자 문학
전후 원폭, 원폭문학을 둘러싼 논쟁을 중심으로

오 성 숙

1. 머리말

히로시마 피폭자 구리하라 사다코(栗原貞子, 1913-2005)는 「낳게 하고 싶다(生ましめんかな)」, 「히로시마라고 말할 때(ヒロシマというとき)」의 시로 이름을 알리며 대표적 원폭시인으로 불린다. 구리하라 사다코는 "원폭문학이 점령군의 프레스 코드에 의해 발표의 자유를 잃고 피폭된 해에 쓰인 「시체의 거리(屍の街)」「여름 꽃(夏の花)」이 몇 해가 지나 자기 삭제 후에 겨우 빛을 보게 된 불행한 출발"[1]을 이야기한다.

---

1 栗原貞子(1978)「原爆文学論争史(抄)」『核・天皇・被爆者』, 三一書房, p.165.

패전 후 1945년 9월 19일 GHQ(연합군 최고사령부)가 발령한 프레스
코드(Press Code, 신문 등 출판물을 규제)에 의한 검열은 익히 아는 사실이다.
　하지만 원폭문학을 둘러싼 다음의 글은 생각해 볼 여지가 충분
하다.

> 　　원폭이 투하된 히로시마(広島)와 나가사키(長崎)가 중앙에서 멀리 떨
> 어진 지방 도시인 까닭에 히로시마에서는 히로시마 출신 소개(疎開, 논
> 자 주: 피란)작가 하라 다미키(原民喜), 오타 요코(大田洋子), 호소다 다미
> 키(細田民樹) 등이 작가 자신의 피폭 체험을 바탕으로 글을 썼다. 나가
> 사키에서는 소개작가가 거주하지 않았고 문학과는 거리가 먼 나가이
> 다카시(永井隆)가 가톨리시즘에 따른 원폭을 수용한 결과, 원폭 체험을
> 미화한 수기가 패전 이후 전후 저널리즘에서 인기를 끌었다. 피폭의
> 진실은 알려지는 일 없이, 원폭 작품은 로컬리즘, 마이너스 작품, 괄
> 호로 구별되는 문학으로 부당하게 취급되며, 중앙 문단에서도 고립되
> 는 사정이 길게 이어졌다.[2]　　　　　(栗原貞子「原爆文学論争史(抄)」, p. 165)

　원폭과 일본문학을 논한 존 트리트(ジョン・W.トリート)도 일본에서 많
은 비평가들이 원폭문학의 존재 이유를 문제시하고, 더 나아가 "도
쿄의 문학적, 비평적 제도 안에서 생산, 관리된 다양한 전후 일본문
학의 범위 내에서 원폭문학이 인정받지 못하고 있다"[3]고 지적한다.

2　栗原貞子 위의 책, p. 165.
3　ジョン・W.トリート著・水島裕雅, 成定薫, 野坂昭雄監訳(2010), 『グラウンド・ゼロを
　書く : 日本文学と原爆』, 法政大学出版局, p. 119.

이러한 논의에서 보면 원폭문학이 오타 요코의 표현처럼, 히로시마물(広島もの), 원폭물(原爆もの)[4]로 불리며 폄하되고 지방문학, 특수문학으로 고립되는 상황을 엿볼 수 있다.

원폭문학이 GHQ에 의한 검열뿐만 아니라 제도적 일본 문단에서 문학, 보편적인 문학이라는 잣대를 기준으로 주변화되고 하위문학으로 취급되고 있음을 알 수 있다. 따라서 본 논문에서는 이러한 하위문학을 '서벌턴(subaltern)'과의 관련성 안에서 논의하고자 한다. 여기에서 '서벌턴'은 스피박(Spivak)의 서벌턴 논의 아래, 제국주의와 지배 이데올로기 등, 권력의 억압에 '목소리를 낼 수 없는' 하위주체로서 다루어왔다. 하지만 본 논문에서는 '목소리를 낼 수 없는' 존재라기보다는 순데르 라잔(Sunder Rajan)의 '목소리 내기에 실패'[5]한 차별받는 존재라는 점에 주목하고자 한다. 점령기에는 피폭 작가들이 목소리를 내지만 검열을 두려워한 나머지 자기 검열된 형태로 출판되거나 검열로 출판되지 못하는 상황으로 목소리 내기에 실패한다. 점령기가 끝난 전후에는 문단에서 인정받지 못하고 주류 문학에서 밀려나며 서벌턴 피폭자의 문학으로 전락하는데, 이 글은 패전 후의 서벌턴 피폭 문학자와 그 문학에 대한 고찰이라고 할 수 있다.

따라서 이글은 선행연구에 해당하는 구리하라 사다코가 참전한 원폭문학 논쟁과 존 트리트의 원폭문학 논쟁의 연구[6]가 제공한 비

---

4 大田洋子(1983)「作家の態度」『日本の原爆文学 15 評論 / エッセイ』, ほるぷ出版, p. 244.
5 라제스와리 순데르 라잔(2018)「죽음과 서발턴」『서발턴은 말할 수 있는가?』, 그린비, p. 210.

옥한 연구 성과 위에, 문화권력 하에 목소리 내기에 실패한 하위주
체 그리고 하위주체의 문학으로서의 서벌턴 피폭자 문학[7]에 대한
논의를 전개하고자 한다.

이러한 문제의식 아래, 먼저 GHQ에 의한 원폭문학의 검열 문제
를 다룬다. 그리고 원폭문학을 둘러싼 논쟁을 중심으로 보편적 문
학을 전유한 히로시마 문단(文壇)과 중앙 문단의 억압과 배제에 의
해 하위문학으로 전락해 가는 원폭문학, 즉 서벌턴 피폭자 문학을
살펴보고자 한다.

2. 미점령기의 원폭, 원폭문학에 대한 검열

1945년 8월 6일 히로시마, 8월 9일 나가사키에 원폭이 투하되고
21만 명의 사망자와 14만 명의 부상자가 발생했다. 이에 천황은 민
족의 멸망뿐만 아니라 인류의 멸망을 염려하여 인도적 대자애(大慈
愛)를 베푸는 형식으로 포츠담선언을 수락하고 1945년 8월 15일 종
전(終戰)을 선언하는데, 이는 패전을 에둘러 표현한 것이다. 패전 직
후부터 일본 미디어에서는 원폭의 비인도적, 무차별적 잔학성과
범죄성을 비판하는 목소리가 높아진다.

---

6 栗原貞子『核・天皇・被爆者』, pp. 165-187 참고, ジョン・W.トリート『グラウンド・
   ゼロを書く : 日本文学と原爆』, pp. 119-164 참고.
7 본 논문에서 사용한 서벌턴 피폭자 문학은 서벌턴 피폭자가 재현된 문학이라는
   의미를 포함할 뿐 아니라 서벌턴 피폭자가 쓴 문학이라는 중의적인 의미로 사
   용하고자 한다.

1945년 8월 30일 연합국 종군기자단으로 온 뉴욕타임즈 기자 프랭크 클럭혼(Frank L. Kluckhohn)은 일본인 기자단의 질문에 대해 "원자폭탄을 미국이 왜 사용했는가?지요. 그렇다면 일본은 진주만 공격을 왜 한 건가요?"⁸라고 되묻는다. 히가시쿠니노미야(東久邇宮) 수상은 미국인 기자가 보낸 질문서에서 "미국민(米国民)이여! 제발 진주만을 잊어주시지 않겠는가, 우리 일본인(日本人)도 원자폭탄에 의한 참해(惨害)를 잊겠다."⁹고 답한다. 이러한 쌍방의 공격, 일본의 진주만 공격과 미국의 원폭 투하 공격이 교환가치로 부상하며 미국과 일본의 전쟁책임, 범죄성은 봉해진다.

더 나아가 '전쟁 종결=원폭 투하'로 상징되면서 원폭은 전쟁을 끝낸 좋은 폭탄의 이미지를 생산하며 '원폭신화'를 만든다. 1952년 6월에 아오키서점(青木書店)에서 출판된 『원폭시집(原爆詩集)』에 실린 나카노 시게하루(なかの·しげはる)의 글에는 '원폭신화'가 잘 드러나 있다.

전쟁 종결, 새로운 일본 탄생, 오히려 새로운 일본이 태어나기 위해 여러 가지 고통, 그중에서도 히로시마 나가사키에 떨어진 원자폭탄의 성격은 그에 따른 피해 실태조사와 함께 일본인의 눈에서도 머리에서도 꽤 오랫동안 감추어져 있었다. 반대 현상조차 나타났다. 하루라도 빨리 일본을 항복시키기 위해, 결국 일본 국민을 전쟁의 참해(惨害)에서 하루라도 빨리 구출하기 위해, 그 때문에 원자폭탄은 투하되

---

8 『朝日新聞』1945.8.31. 인용은 宇吹 暁(2011)「広島·長崎と戦争責任」『季刊戦争責任研究』第47号, 日本の戦争責任資料センター, p. 43에 의한다.

9 『朝日新聞』1945.9.16. 인용은 宇吹 暁, 위의 논문, p. 43에 의한다.

었다. 그 의미에서 죽을 만큼 고통받은 사람들은 불쌍하다. 하지만 그로 인해 일본 국민이 대체적으로 전쟁에서 해방된 것을 생각하면 그 원폭이야말로 일본국민의 구세주(救い主)이다. 미국에 의한 원폭투하에 우리들은 감사해야 한다. 원폭 피해를 입지 않고 살아남을 수 있었던 모든 일본인은 원폭투하자와 원폭피해자에게 감사해야 한다. 이러한 점이 일부 사람에 의해 설득되어 일부 사람들이 본의 아니게 그 방향으로 끌리는 현상이 생겼다.[10]

여기에는 '전쟁에서 해방', '새로운 일본 탄생'이라는 의미를 부여하고 '구세주' 미국에 감사해야 한다는 논리가 전개되고 있다. 원폭은 감사한 폭탄이라는 '반대 현상'이 일어나고 있었다. '원폭신화'는 고케쓰 아쓰시(纐纈厚)가 언급했듯이, 최종병기로서 핵무기에 대한 신뢰와 의존이 깊어지고 원폭 긍정 사상[11]으로 확대된다. 나아가 '원폭신화'는 히로시마와 나가사키의 참상은 안타깝지만 어쩔 수 없었다는 논리와 핵의 평화적 이용이라는 긍정적, 미래지향적 담론을 양산하며 핵의 위험성과 범죄성을 은폐한다.

히로시마 평화공원에는 1963년 8월 6일에 세워진 원폭시인, 반전(反戰)시인으로 알려진 도게 산키치(峠三吉)의 시비가 있다. 시비에는 '인간을 돌려줘'로 유명한 『원폭시집(原爆詩集)』의 「서(序)」 '아빠를 돌려줘 엄마를 돌려줘(ちちをかえせ ははをかえせ)'로 시작하는 글이 새겨

---

10 なかの・しげはる(1965)「解説として」『原爆詩集』, 青木文庫, pp.149-150.
11 「[국내 첫 원폭자료관 개관③] "일본 패배 원폭 때문 아냐 ··· '원폭 신화'에서 해방되어야"」『뉴스민』 2017년 8월 7일.

져 있다. 앗아간 아빠, 엄마, 노인, 아이, 나(わたし) 등 인간을 되돌려 달라는 분노의 표현에서, '기원의 나가사키(祈りの長崎)'와 달리 '분노의 히로시마(怒りの広島)'라고 불리는 이유가 된다. 원폭 시비의 건립 목적에는 "점령군의 탄압에 굴하지 않고 최후까지 활동을 이어간 도게 산키치의 용기와 평화에 대한 열의를 칭송함과 함께 그의 유지를 받들어 핵병기 철폐의 결의를 새로이 한다"[12]고 밝히고 있다. 『원폭시집』은 1951년 시인 쓰보이 시게지(壷井繁治)의 중개로 도쿄의 대기업출판사에서 출판이 성사될 단계에서 프레스 코드 문제로 좌절되자, 500부 등사판 가제본 인쇄(ガリ版刷り)[13]로 자비 출판된다. 결국 검열이라는 문화권력 아래, 제대로 출판되지 못하고 가제본 인쇄로 세상에 나온다.

『원폭시집』을 열면 다음과 같은 도게 산키치의 글이 실려 있다.

> 1945년 8월 6일 히로시마에 투하된 원자폭탄에 의해 목숨을 잃은 사람,
> 또한 현재에 이르기까지 죽음의 공포와 고통에 시달리는 사람들,
> 그리고 살아있는 동안 우려와 공포를 지울 길이 없는 사람,
> 나아가 전 세계의 원자폭탄을 증오하는 사람들에게 바친다.[14]

『원폭시집』을 서둘러 낸 까닭도 다음과 같은 상황과 맞물린 경

---

12 全損保広島地協連絡会(2013.8.6.) 「平和のとりくみ実行委員会」 『広島地協連絡会慰霊碑めぐりガイドブック』(https://www.niu.or.jp/news/20130809-guidebook.pdf, 검색일: 2022년 3월 1일)

13 堀川恵子(2015.9) 「ヒロシマ文学を世界遺産に」 『文学界』, 文藝春秋, p. 97.

14 峠三吉(1951) 「原爆詩集」 『原爆詩集』, われらの詩の会, 페이지 없음.

고성을 띠고 있다. 1949년 소련이 핵실험에 성공하고 1950년 한국 전쟁 촉발 그리고 미국이 원폭 사용을 고려한다는 한국전쟁 직후, 원폭에 대한 우려에서 나온 반전(反戰)운동의 일환이었다. 이 시기 는 일본 각지에서 좌파 조선인 · 일본인을 중심으로 미군의 한국전 쟁 참전을 반대하는 반전운동이 일어났고, 이러한 반전운동이 칙 령 제311호 위반, 즉 점령 목적에 유해한 행위로서 검거되고 체포 투옥[15]되는 엄혹한 시절이었다. GHQ는 동서 냉전의 국외 상황뿐 만 아니라 일본 국내의 공산당 세력 확산을 우려한 나머지, 원폭이 금기어가 되고 반전(反戰)운동, 평화운동도 원폭을 떠올린다는 이유 로 1950년 8월 6일 히로시마 평화식전을 취소한다.[16] 결국 미국과 일본은 '원폭과 전쟁'을 상기시키는 상황을 차단하고 있었다. 도게 산키치의 시「1950년 8월 6일(一九五〇年の八月六日)」은 평화 전단(ビラ), 반전 전단이 뿌려지는 상황과 여기저기에서 달려오는 허리에 권총 을 찬 경관에 의해 평화제, 강연회, 음악회, 유네스코 집회 등 모든 집회가 금지되고 무장과 사복 경관(武裝と私服警官)에 점령당한 히로시 마(ヒロシマ)[17]를 읊는다. 도게는 이러한 일본의 정치 상황을 인민의 의 사가 무시되고 다시 전쟁으로 치닫는 증명으로 간주한다. 이에 대 한 경계와 경고의 의미에서, 도게는 평화의 기원을 시로 노래한다. 그러나 바로 그 이유로 인간으로서의 기본적인 자유까지 빼앗기는 역행하는 시대를 경험한다. 더 나아가 문학 활동을 통해 얻고 있는

---

15 黒川伊織(2010)「峠三吉「墓標」と一九五〇年夏の広島」『原爆文学研究』第9号, 原 爆文学研究会, p.43.
16 堀川恵子『文学界』, p.95.
17 峠三吉『原爆詩集』, pp.104-105.

생활의 경제적 기반마저 흔들리고 있음은 물론, 유무형의 억압이 끊임없이 증가하고 있음[18]을 밝히고 있다.

　이러한 배경에는 칼에 맞서는 펜을 소유한 도게 산키치가 '원폭', '반전', '피폭', '평화', '핵병기 철폐' 주장하고 '무장과 사복 경찰관에 점령당한 히로시마'라는 억압적 상황을 표현한 점, 그리고 일본공산당원이라는 점까지 GHQ의 점령정책을 위협하는 우려가 반영된 것이라고 할 수 있다.

3. 히로시마 문단과 원폭문학 논쟁

　제1차 원폭문학 논쟁은 오타 요코와 에구치 간(江口渙)의 원폭문학의 소재를 둘러싼 논쟁에, 1953년 1월 시조 미요코(志條みよ子) 등의 문인들이 가세하면서 2월까지 이어진다. 시조 미요코는 1953년 1월 25일 『주코쿠신문(中国新聞)』에 「원폭문학에 대하여(原爆文学について)」[19]를 기고하고, 히로시마에서는 '원폭을 쓰지 않는 소설, 원폭을 다루는 그림(絵画)이 아니면 진정한 작품이 아니'라고 말하지만, 원폭은 과학과 정치의 영역이지 진정한 예술과 문학의 영역이 아니라고 강변한다. 더 나아가 '순수한 인간', '보편의 하루 하루', '인생극장'의 묘사를 '문학 본연'의 '진정한 문학'으로 분류하는 반면, '지옥의 문학을 언제까지 원폭이라는 간판으로 장사'할 거냐며 원폭

18　峠三吉 위의 책, pp.73-74.
19　志條みよ子『日本の原爆文学 15 評論 /エッセイ』, pp.240-250.

문학을 '저열' '특수' '한 사람의 생애'의 묘사로 폄하한다.

이에 대한 반론으로 고쿠보 히토시(小久保均)는 2월 4일 『주코쿠신문』에 「다시 「원폭문학」에 대하여(再び「原爆文学」について)」[20]를 싣는다. 그는 정치와 과학이 결탁해 우리 인간을 배신한 원자폭탄이 '문학의 대상'이 될 수 있고, '이 일환을 짊어진 것이 원폭문학'이라고 말한다. 그러면서 '제1차 원폭문학은 원폭이 야기한 비참함을 되도록 충실하게 사람들에게 전하는 의도에서 자연발생적, 사실적인 수법을 채용'했다고도 덧붙인다.

히로시마 문단은 '문학의 본연' '원래 문학의 세계'라는 기존 문학의 보편성에 기반을 두고 원폭이라는 특수성의 원폭문학을 둘러싼 '문학' 논쟁을 가속화해 간다. 이러한 논쟁을 거치면서 오타 요코의 문학이 저열한 문학, 한심한 문학으로 전락한다. 이 무렵 오타는 문학자로서의 자신과 자신의 문학을 다음과 같이 규정한다. 원폭문학으로 인해 히로시마 문단의 압박을 받는 반문단적 작가, 그리고 소설일지라도 허구나 태만은 용서를 할 수 없기에 택한 리얼리즘 문학을 추구하는 '원폭의 소설을 한평생 쓰는 작가'라는 자각이다. 1954년에 출판된 요코의 『반인간』에서 보면, 요코의 분신 아쓰코(篤子)가 전후 7년간을 이야기하면서 자살, 도피, 아니면 좋은 원폭 작품 쓰기라는 삶의 선택지에서 자기구제(自己救濟)의 방편으로 원폭소설 쓰기에 몰두하는데, 이는 요코의 상황을 잘 반영하고 있다.

---

20 小久保均『日本の原爆文学 15 評論 /エッセイ』, pp.253-254.

제2차 원폭문학 논쟁은 구리하라 사다코가 1960년 3월 19일『주코쿠신문』에 아우슈비츠와 히로시마를 비교한 「히로시마 문학을 둘러싸고(広島の文学をめぐって)」[21]를 기고하면서 촉발된다. 히로시마문학회에서는 '히로시마에서의 문학의 공통 기반'이라는 주제 아래, 원폭에 관한 문학간담회를 열었다. 구리하라 사다코를 비롯하여 히로시마에서 활동하는 문학자 나카가와 구니오(中川国雄), 사타케 노부아키(佐竹信朗), 마쓰모토 히로시(松元 寛), 고쿠보 히토시(小久保均), 이마다 다쓰오(今田竜夫), 이와사키 세이치로(岩崎清一郎), 도요타 세지(豊田清史), 그 외에『아키문학(安芸文学)』『카오스(カオス)』라는 새로운 세대의 다채로운 얼굴들이 참석했다. 여기에서는 원폭문학을 둘러싼 두 개의 상반된 의견들이 교환되었다.

그녀는 문학간담회 개최 안내장을 받았을 때를 다음과 같이 떠올린다.

최근 안내장을 받았을 때, 나는 흠칫했다. 말할 것도 없이 전후문학은 세계적으로 현실의 상공이나 역사의 외측의 안전지대에서 사회를 바라보거나 사회에 등을 돌리고 혼자 조용히 순수하게 문학적 관념이나 미를 쫓고 있을 수는 없다며 인류 존망의 새로운 전쟁 위기를 축으로 구성되어 있는데, 히로시마 문학을 짊어질 세대가 일본의 전통적인 화조풍월(花鳥風月)적 또는 명인기질(名人気質)적인 근대 시민문학 이전의 문인이라는 명칭을 아무런 저항도 없이 사용하는 무신경에 좀

---

21 栗原貞子『日本の原爆文学 15 評論 /エッセイ』, pp.258-262.

실망스럽다. (중략)『카오스』의 젊은 세대가 "원폭문학이라고 하면 호조 다미오(北条民雄)의 한센병 문학(ライ文学)과 같은 끔찍함을 느끼지 않을 수 없다. 원폭문학은 히로시마에서 문학하는 자에게 콤플렉스가 되고 문학 성장의 방해가 되고 있다. 이 회의에서 논쟁하기보다 기술이나 방법에 관해 공부하고 싶다."며 등 돌리는 방식으로 전면적으로 원폭에 관한 문학에 부정적이었다.[22]

구리하라는 '히로시마문인 간담회(広島文人懇談会)'의 명칭에서 '문인'을 언급하며 지금의 시대를 읽지 못하는 히로시마의 문학자들을 비판한다. 이는 일본문학의 전통이라는 화조풍월(花鳥風月)의 문인 의식에 도취한 나머지, 일본 전후문학의 주류가 '스스로 관념적으로 자기류(自己流)'에 빠져 '일상다반적 사소설(日常茶飯的私小説)'을 문학의 본연으로 간주함에 따른 '휴머니티의 부재'와 '역사 감각의 결여', 그리고 '사상의 불모지'에 다름없는 문학을 만들고 있다는 신랄한 비평인 것이다. 구리하라는 히로시마 문학을 이끌 60년대 '젊은 세대가 원폭을 회피하는 지점을 공통의 인식' 근거로 삼고 시대의 새로운 문학을 외면하고 있다고 보고 있다. 여기에는 원폭의 경시, 원폭의 무관심을 넘어 '원폭문학에 대한 왜곡과 혐오를 생산하며 방어적인 태세'에서 나온 발로로 받아들인다. 이러한 '경시', '왜곡', '혐오'라는 점에서 서벌턴적 상황에 놓인 원폭문학을 엿볼 수 있다. 그러면서 새로운 문학은 자기의 내부와 자기를 둘러

22　栗原貞子『日本の原爆文学 15 評論 /エッセイ』, pp.258-259.

싼 외부(外界)를 연결하고 적극적인 실감을 창조하고 확대해가는 것임을 말한다. 사르트르, 카뮈 등을 예로 들면서 살인적 세계의 부조리에서 '폭력과 부정의 집요한 반항자'로서 '인류의 평화와 행복을 요구'하는 바로 앙가주망문학, 즉 참여문학을 지금 시대의 문학으로 강조한다.

이에 4월 1일 마쓰모토 히로시(松本寛)는 『주코쿠신문』에 「불모가 아닌 문학을 위하여-구리하라 사다코 씨에 대한 반론-(不毛でない文学のために一栗原貞子への反論一)」[23]을 제기한다. 그는 구리하라가 비판한 젊은 문학 세대를 '원폭에 등을 돌리고', '부정적', '회피'한다고 인식함에 반발한다. 그뿐만 아니라 원폭 관련 소설을 '프로파간다 소설'로 규정하며 히로시마 문학의 지상명령으로 밀어붙이는 것에도 거부감을 드러낸다. 반면 문학이란 원폭을 직접 그리기보다 원폭이 갖는 인간의 문제점을 가장 통절하게 보여줘야 한다고도 지적한다.

요시미쓰 요시오(吉光義雄)도 4월 22일 『주코쿠신문』에 「원폭문학의 대망론을 의심한다(原爆文学待望論を疑う)」[24]에서, 원폭문학을 '독자의 기호에 반하는 작품'으로 단정하고 '사서 읽고 싶은 부류가 아니'라는 견해를 밝힌다. '자신이 쓰고 만족하면 된다'는 식의 원폭문학을 '읽히지 않는 문학'으로 간주하고 무의미하다고까지 말한다. 또한 '거짓 없는'이라는 원폭문학의 간판 또한 문학적 과학도서에 불과하고 미래의 문학에 걸맞지 않는다며 '원폭문학의 대망

---

23 松本寛『日本の原爆文学 15 評論/エッセイ』, pp.263-264.
24 吉光義雄『日本の原爆文学 15 評論/エッセイ』, pp.265-266.

론'을 공허하다고 비판한다.

원폭문학에 대한 반론에 반론이 거듭되는데, 나카가와 구니오(中川国雄)는 4월 29일 『주코쿠신문』에 「가능성의 원폭문학을 - 요시미쓰 요시오 씨에 대한 반론(可能性の原爆文学を―吉光義雄氏への反論)」[25]을 기고한다. 나카가와는 요시미쓰가 원폭문학을 '비참함'이 전부인 문학, 원폭의 문학적 재료가 8월 6일에 한정된 문학으로 미래 문학이 될 수 없다는 독단적인 개념 고정에 한심함을 드러낸다. 더 나아가 '폐쇄적인 원폭'이라는 문학적 소재와 비참함에 갇힌 원폭문학에 대한 요시미쓰의 자기차단에 의해, 원폭문학이 미래의 문학으로 나아가는 데 필요한 참신한 주제와 감정에 따른 새로운 방법을 모색하는 길이 막혔다고도 지적하고 있다.

히로시마 문단에서 벌어진 제1차, 제2차 원폭문학 논쟁은 정치와 문학이라는 틀, 그리고 일본의 문학 전통과 관련된 '문학의 보편성'과 원폭이라는 상황에서 탄생한 '문학의 특수성'이 팽팽한 긴장감을 가지고 전개되고 있음을 엿볼 수 있다. 히로시마 문단은 히로시마라는 특수한 원폭과의 상관성 안에서 원폭문학이 피폭, 피폭자의 '참상', '비참함'에 매몰된 '직접적인 묘사'라는 상징적인 수법에 이의를 제기하고 특수한 문학, 상황적 문학으로 거리를 두고 있었다. 하지만 당시 유럽의 앙가주망문학이 시대의 위기에 저항하는 문학으로 부상하는 가운데, 구리하라가 일본의 전후문학이 갖는 보편적 문학을 옹호하는 문단을 등에 업고 화조풍월의 유희

---

25 中川国雄 『日本の原爆文学 15 評論 /エッセイ』, pp.267-268.

적, 사소설적 신변잡기에 머무는 일본의 전통적 문학의 진부성을 강하게 비판하고 있었다. 그리고 저항문학으로서의 참여문학을 새로운 문학으로 제기하고 있었다. 이러한 논쟁을 통해, 원폭문학이 문학의 보편성 아래 전후문학으로 인정되지 못하며 히로시마 문단에서 배제되는 서벌턴 피폭자 문학으로 전락하고 있음을 포착할 수 있다. 따라서 본 논문에서는 원폭과 원폭문학에 대한 '경시', '왜곡', '혐오'가 덧씌워지며 원폭문학이 보편적 문학으로 자리매김하지 못하는 하위문학, 즉 서벌턴 피폭자 문학으로 규정하고자 한다.

4. 중앙 문단과 서벌턴 피폭자 문학으로서의 원폭 문학 논쟁

1970년대는 원폭문학의 일대 전환기라고 할 수 있다. 1972년 원폭과 문학회는『원폭과 문학』을, 1973년 나가오카 히로요시(長岡弘芳)는『원폭문학사(原爆文学史)』를 각각 출간한다. 1974년 8월호『일본아동문학』은 '원폭아동문학' 특집을 마련하기도 한다.[26]

1972년 7월『원폭과 문학(原爆と文学)』의 창간호 권두언(巻頭言)「히로시마・나가사키를 잊지 않겠다(広島・長崎をわすれまい)」에는 도게 산키치의 「서」로 시작하며 24만 7천 명의 귀한 생명을 가장 잔혹하게 앗아갔다고 전한다. 살아남은 사람들도 방사선의 영향으로 몇 년,

---

26 오성숙(2017)「1945년 8월 원폭, 원폭문학의 기억과 망각-젠더, 정치, 소외라는 관점을 중심으로-」『비교일본학』제41집, p.163.

십수 년이나 지나서 돌연 발병하여 매년 피폭자의 죽음이 끊이지 않는다고 한다.

> 우리들만이 경험한 원폭의 공포스런 사실을 결코 잊지 않기 위해! 전쟁을 모르는 젊은이들에게! 세계의 사람들에게 알리기 위해 "원폭과 문학"의 창간이 일조(一助)하기를 기대합니다.[27]

이듬해 1973년 『원폭문학사(原爆文学史)』를 쓴 나가오카 히로요시(長岡弘芳)는 원폭문학이 가장 바라는 미래는 역사상의 한 시기의 문학으로 사라져야 하는 문학[28]이라고 말한다. 원폭이 문화 문맥, 즉 문학에서 계속 방치, 배척된 불가사의함을 지적한다. 그는 이런 류의 원폭문학사, 원폭문학론이 지금까지 없었음을 상기시키며 그런 의미에서 당분간의 핸드북[29]이라는 한정적인 의미를 부여한다.

또한 나카오카는 앞서 살펴본 원폭문학 논쟁에서 이어진 원폭문학에 대한 우려도 잘 알고 있었다.

> 일찍이 그런 시기가 있었듯이, 그것이 가질 것이라는 유형화를 논쟁하고, 또는 원폭을 장사하고 있다며 배척하는 일을 나는 하고 싶지 않다.
>
> (『原爆文学史』, p. 157)

---

27 櫛田ふき(1972)「広島・長崎をわすれまい」『原爆と文学』, 原爆と文学の会, p.3.
28 長岡弘芳(1973)「原爆文学論」『原爆文学史』, 風媒社, p.155. 이하 본문 인용은 제목과 페이지만을 기입한다.
29 長岡弘芳『原爆文学史』, pp.275-276.

　　<원폭으로 장사한다>거나 <원폭물은 질색이다>라는 문학 동지의
질투나 저널리즘의 뒤틀림(ねじれ)을, 현재에도 원폭물은 팔리지 않는
다며 한 마디로 잘라 말하는 풍조를, 우리들은 아마 온전히 바로잡을
수 있을 터이다. 그렇다면 으레 말해도 다 말할 수 없었던 당시의 기록
에서 출발한 원폭문학은 겉치레의 평화의 이면에서 역사가 이미 거
슬러 역전개(逆展開)하려고 하는 오늘이라면 한층 더 분출해야 한다고
나는 생각하는 바이다.　　　　　　　　　　　　　　(『原爆文学史』, p. 162)

　　원폭문학은 피폭 당시의 비참하고 잔인한 사실이 압도적인 인상
을 남기는 까닭에 원폭이라는 소재를 둘러싼 유형화 문제, 그리고
원폭으로 장삿속을 채우려는 문학으로 매도되었다. 이러한 우려와
기록에서 출발한 원폭문학을 인정하면서도 그럼에도 불구하고 나
가오카는 "원폭이 초래한 모든 악과 이에 대한 인간의 존중을 추구
하는 문학"(原爆文学史』, p.155)이라고 규정한다. 한편, 원폭 재판도 "정
치나 법으로는 불가능해도 문학이라면 가능"하다면서, 정치나 법
을 넘어선 문학의 역할을 높이 평가한다. 더 나아가 "원폭투하에
대한 일본과 미국의 책임회피를, 그리고 정치의 윤리적 결함과 이
를 가능하게 한 일본인의 정신적 퇴폐를 정면에서 추궁"(『原爆文学史』,
p. 160)하는 문학의 탄생을 촉구하고 있다. 그러한 관점에서 피폭된
산자뿐만 아니라 사자의 존재(死者の存在)를 대변하는 일이 원폭문학
의 출발이자 가치라고 밝힌다.

　　원폭문학이 활기를 띠고 부상하는 가운데, 1975년 하야시 교코
(林京子)의 「축제의 장(祭りの場)」이 아쿠타가와상을 수상한다. 1977년

133

5월『문학계(文学界)』에서 나카가미 겐지(中上健次)와 후루야 겐조(古屋健三)가「소설가의 각오」라는 주제로 대담시평(対談時評)을 여는데, 여기에서 나카가미는 하야시 교코가 성급하게 원폭을 쓰고 있다고 지적하고 있다. 이듬해 1978년 10월『문학계』에서는「우리들의 문학적 입장」이라는 주제로 나카가마 겐지(中上健次), 미타 마사히로(三田誠廣), 쓰시마 유코(津島裕子), 다카하시 미치쓰나(高橋三千綱), 다키 슈조(高城修三)가 대담회를 갖는다. 여기에서 나카가미 겐지가 교코의 원폭문학『유리(ギヤマンビードロ)』를 다음과 같이 비판한다.

> 좀 전에 전쟁을 말했지만 피폭체험은 문학으로 쓰여진다. 우습게도 일본소설에서 원폭소설만큼 해독(害毒)을 끼치는 것은 없다고 생각할 정도로, 전쟁을 후회하고 있는 일본인에게 (이렇게) 딱 맞는 소설은 없다. 이렇게 나는 당했다 라고. 하지만 한 일은 소설에 없지 않은가. 왜 없는가 하면 이것은 문학이 아니다. 결국, 이것은 부모의 시점이다. 그런 것은 없다. 아이들의 시점에서 부모가 쓴 것은 있을 수 있다. (중략) '아버지, 이렇게 희생당했어요'라고 딸이 호소하고 싶은 것을 이 악물고 참는 것이 하야시 교코의「유리(ギヤマン ビードロ)」로, 인간은 피해자의 소설이기 때문에 자신의 일처럼 동정하며 달콤한 눈물을 흘린다.[30]

'피폭 체험은 문학으로 쓰여진다'는 언급에는 원폭을 쓰면 문학

30　中上健次(1978)「われらの文学的立場」『文学界』, 文藝春秋, p.109.

이 된다는 비판적, 부정적 의미를 담고 있다. 하지만 지금은 원폭문학의 시대라고 해도 과언이 아니다. 이에 대한 비판과 함께 나카가미가 주장한 것은 부모의 시점에서 쓰인 악, 자연의 시점에서 쓰인 문학이 없다는 사실이다. 즉 가해자 일본인이 소설에 등장하지 않는데, 이는 일본문학이 아이의 시점에서 쓰였기 때문이라는 것이다. 따라서 '전쟁과 악을 행한 부모가 시치미를 뗀 채, 달콤한 후회에 빠지기에 알맞은 소설'이라는 평이 가능했던 것이다. 이러한 가해자로서의 일본, 미국을 부각시키는 시기가 또한 70년대이다. 앞서 언급한 나가오카 히로요시는 『원폭문학사』(1973)에서, 구리하라 사다코 『핵·천황·피폭자』(1978)에서 적극적으로 가해자를 언급한다. 이러한 발언에서 볼 때, '원폭문학'이 갖는 피해성 뿐만 아니라 가해성이 녹아든 양가성에 대한 인식도 함께 부상되는 시기라고 할 수 있다.

더 나아가 1981년 12월 9일 『군조(群像)』에는 가라타니 고진(柄谷行人), 나카가미 겐지, 가와무라 지로(川村二郎)가 모여 네 명의 여성작가의 창작을 합평(合評)했다. 여기에서는 그중 『군조(群像)』 1월에 실린 하야시 교코의 「무사 서기 1981년·원폭 37년(無事 西曆1981年·原爆37年)」을 중심으로 살펴보고자 한다.

나카가미는 하야시 교코와 같은 동인지 「문예수도(文芸首都)」에서 활동했다고 언급하며 더 노골적인 비판을 가한다.

저는 하야시 씨와 같은 동인지(同人誌)에 있었지만 동인지에 있을 때도 하야시 씨의 소설을 소설로서 인정한 적이 없어요. 문예잡지로 데뷔하고 나서도 저는 「축제의 장」도 소설로서 인정하지 않으며 이 사람이 쓰는 것 극히 일부밖에 인정하지 않아요. (중략) 하야시의 본질인 문학의 장에서 원폭 파시스트로서의 성격을 직접적으로 뚜렷이 드러낸 것이라고 생각해요. 즉 원폭을 쓰면 뭔가가 될 수 있다는.[31]

그는 '핵 시대'라는 시류에 '완전히' 올라탄 교코의 문학이라고 폄하하고, '원폭을 스트레이트로 쓰면 문학'이 된다는 '원폭=문학'이라는 해이한 인식을 지적한다. 더 나아가 하야시의 소설 문장을 평하여 '원숭이도 진화한다'며 문학세계에서의 잔재주에 불과하다고 힐난한다. 아우슈비츠와 히로시마가 비교되는 가운데, 나카가미는 아우슈비츠에서 보는 과정의 시점이 누락된 하야시의 소설에는 '페티시즘(フェティシズム)', '원폭 파시즘'이 깃들어 있다고 말한다. 이에 저명한 문학비평가 가라타니도 특별한 언급보다는 동조하는 형식으로 '원폭 페티시즘(原爆フェティシズム)'을 강조한다.

이에 맞서는 대항담론으로, 당시 원폭문학 옹호자인 나가오카와 구로코 가즈오(黒古一夫)의 전후문학론을 중심으로 살펴보고자 한다.

나가오카는 '문학에 절대 문학·소설은 존재하지 않는다'며 예술은 본래 다양한 것이고 상대적인 인간 영위의 소산이라고 밝힌다. 그리고 지금이야말로 문학은 파멸적인 억울함, 신음, 절망을 인간의 궁극적인 자유라는 이상을 향해 집요하게 전해야 한다며 원폭문학[32]에 대한 소신을 전한다.

---

31 中上健次(1981.1)「創作合評」『群像』第七十四回, 講談社, p.288.
32 長岡弘芳『原爆文学史』, p.169

구로코 가즈오도 전후문학이라는 틀 안에서 원폭문학을 논하고
있다.

> 전시하에서 억압적 체험 혹은 전후 희망에 넘친 혼돈의 체험을 표
> 현의 기저 또는 모티브로 성립한 '작품'의 총칭이 전후문학이라고 한
> 다면 <원폭문학>이라는 특이한 명칭을 갖는, 전후 얼마 안 되었을 무
> 렵의 오타 요코(大田洋子)나 하라 다미키(原民喜)에서 현대의 하야시 교
> 코(林京子)에 이르기까지, 수많은 작가의 피폭체험을 바탕으로 한 '작
> 품'의 계열은 의심 없이 전후문학의 한 갈래로 생각된다. 결국, 전후
> 문학으로서의 원폭문학은 그 창조의 원점을 1945년 8월 6일 '히로시
> 마', 8월 9일 '나가사키', 1954년 3월의 '제5후쿠류마루(第五福竜丸)'
> 등에 두면서 약 38년 동안 부지런히 그 역사를 새겨왔다. 그리고
> 1983년 현재도 여전히 계속 되고 있다.[33]

구로코는 원폭문학이 체험의 풍화를 막고 원점을 준수(遵守)하는
냐, 아니면 체험의 풍화와 함께 '무화(無化)'되는냐는 기로에 서 있
음을 지적한다. 체험의 풍화는 불가피한 것인가?[34]라는 문제 제기
에서, 그는 타인의 체험을 간접적인 추체험하는 과정을 통해 공유
하는 것이 가능하다고 보고 있다. 그리고 사적 체험과 또 한 사람의
사적 체험이 겹치면서 그 중층성으로 인해 풍화를 막고 거기에서
새로운 현대적 문제를 표출시킬[35] 수 있다는 주장이다.

---

33 黒古一夫(1983)『原爆とことば : 原民喜から林京子まで』, 三一書房, p. 7.
34 黒古一夫, 위의 책, p. 8.

이러한 논쟁에서 보면, 원폭문학은 추체험의 공유가 개인의 체험을 집단의 체험으로 계승하며 원폭을 상기시킴으로써 원폭의 위험성과 범죄성을 드러낼 수 있다는 것이다. 더 나아가 문학의 보편성이라는 전유(專有)가 체험의 유한성이 무한성으로 탈바꿈되며 원폭문학이 보편적 문학으로 승화될 수 있는 가능성을 내포한다고 생각된다. 그렇지만 히로시마 문단뿐만 아니라 중앙 문단도 그들만의 리그인 문학의 보편성을 무기로 원폭문학을 피폭자 서벌턴 문학으로 배척하고 있었다. 그러한 문화권력의 틈바구니에서, 문학의 보편성에 도전하고 핵시대의 참여문학으로서의 원폭문학이 여전히 논란을 일으키며 부상하고 있었다. 나카가미로부터 촉발된 제3차 원폭문학 논쟁은 곧이어 '핵전쟁의 위기를 호소하는 문학자의 성명'을 둘러싼 반핵파와 반반핵파의 논쟁[36]으로 확대되어 전개된다.

5. 맺음말

이 글은 점령기의 검열과 그 이후의 원폭문학을 둘러싼 논쟁을 통해, 원폭문학이 GHQ에 의한 검열뿐만 아니라 제도적 일본 문단이라는 문화권력 아래 주변화되고 하위화되면서 서벌턴 피폭자 문학으로 폄하되고 있음을 살펴볼 수 있었다.

---

35 黒古一夫, 위의 책, p. 8.
36 지면상 반핵파(反核派)과 반반핵파(反反核派)의 논쟁을 비롯한 문학과 정치는 다음 기회를 빌려 다루고자 한다.

먼저, 점령기의 검열과 감사한 폭탄이라는 원폭신화의 확산은 원폭문학을 위축시키기에 충분했다. 원폭문학은 검열과 감사한 폭탄이라는 원폭신화에 의해 위축되며 출판의 기회를 잃거나 자비 출판되고 있었다. 도게 산키치의 시는 이러한 검열과 원폭신화에 대항하는 저항시, 참여시라고 할 수 있다.

그리고 유럽의 앙가주망 문학이 부상하는 핵시대에 일본의 전후 문학은 문학의 보편성을 옹호하는 문단을 등에 업고 화조풍월의 유희적, 사소설적 신변잡기에 머무는 진부한 일본의 전통적 문학성을 띠고 있었다. 이와 맥을 같이하는 히로시마 문단은 히로시마라는 특수한 원폭과의 상관성 안에서 원폭문학이 피폭, 피폭자의 '참상', '비참함'에 매몰된 직접적이고 상징적인 수법에 이의를 제기하고 특수한 문학, 상황적 문학으로 차별화하고 있었다.

마지막으로, 1차에서 3차에 걸친 원폭문학 논쟁을 통해, 원폭문학이 히로시마 문단뿐만 아니라 중앙 문단에서도 그들만의 리그인 문학의 보편성에 기대어 문단에서 배제되는 하위문학, 즉 서벌턴 피폭자 문학으로 배척당하고 있었다. 따라서 본 논문에서는 문학의 범주에 있을 것이라는 원폭문학이 보편적 문학에서 배척된 '경시', '왜곡', '혐오', '차별'에 노출되어 있는 서벌턴성을 드러내고자 서벌턴 피폭자 문학으로 보다 명확히 규정하고자 했다.

그럼에도 불구하고 원폭문학이 추체험을 통해 개인의 체험을 집단의 체험으로 계승함으로써 개인 체험의 유한성이 집단 체험의 무한성으로 확대되며 보편적 문학으로, 미래의 참여문학으로 승화될 수 있는 가능성을 내포할 수 있게 되었다고 할 수 있다.

| 참고문헌 |

오성숙(2017) 「1945년 8월 원폭, 원폭문학의 기억과 망각—젠더, 정치, 소외라는 관점을 중심으로—」 『비교일본학』 제41집.

「[국내 첫 원폭자료관 개관③] "일본 패배 원폭 때문 아냐… '원폭 신화'에서 해방되어야"」 『뉴스민』 2017년 8월 7일.

宇吹暁(2011) 「広島・長崎と戦争責任」 『季刊戦争責任研究』 第47号, 日本の戦争責任資料センター.

核戦争の危機を訴える文学者の声明署名者(1983) 『日本の原爆文学 15 評論/エッセイ』, ほるぷ出版.

柄谷行人・中上健次・川村二郎(1981.1) 「創作合評」 『群像』 第七十四回, 講談社.

櫛田ふき(1972) 「広島・長崎をわすれまい」 『原爆と文学』, 原爆と文学の会.

栗原貞子(1978) 「原爆文学論争史(抄)」 『核・天皇・被爆者』, 三一書房.

黒川伊織(2010) 「峠三吉「墓標」と一九五〇年夏の広島」 『原爆文学研究』 第9号, 原爆文学研究会.

黒古一夫(1983) 『原爆とことば : 原民喜から林京子まで』, 三一書房.

峠三吉(1951) 「原爆詩集」 『原爆詩集』, われらの詩の会.

長岡弘芳(1973) 『原爆文学史』, 風媒社.

中上健次(1978) 「われらの文学的立場」 『文学界』, 文藝春秋.

なかの・しげはる(1965) 「解説として」 『原爆詩集』, 青木文庫.

堀川恵子(2015) 「ヒロシマ文学を世界遺産に」 『文学界』, 文藝春秋.

ジョン・W.トリート著(2010)・水島裕雅 外訳, 『グラウンド・ゼロを書く : 日本文学と原爆』, 法政大学出版局.

全損保広島地協連絡会(2013.8.6) 「平和のとりくみ実行委員会」 『広島地協連絡会 慰霊碑めぐりガイドブック』
(https://www.niu.or.jp/news/20130809-guidebook. pdf, 검색일: 2022년 3월 1일)

빈곤과 차별의
상징이 된 후쿠시마
현대일본 표상문화론에서 서벌턴 연구의 가능성

배 관 문

1. 머리말: 밤이사 현상과 일본문화론

매년 일본 전국에서는 10만 건 정도의 실종사건 신고가 접수된다. 그런데 그중 장기 미제 사건이 비율이 매우 높은 편이다. 2019년 실종자 신고 건과 실종사건 미해결 수는 한국의 경우 38,496명, 33명이었다. 반면 일본의 경우는 각각 86,933명, 2,571명이었다.[1] 일본에서 장기 미제가 된 실종사건의 수는 한국 대비 약 80배에 달한다. 일본 인구수가 한국 인구수의 2.5배임을 고려해도 이는 상당히 높은 수치가 아닐 수 없다. 일본에서 이렇게 실종자를 찾지 못하는 이

---

1 신재헌·김상운(2019)「일본 탐정의 장기미제 실종자 조사」『한국콘텐츠학회 논문지』19-7, 한국콘텐츠학회, pp.412-420.

유는 왜일까?

일본에서는 이혼, 실직, 사채 등 사회적 실패를 겪은 사람들이 현재의 신분을 버리고 새 삶을 살기 위해 야반도주하는 일이 드물지 않다. 이른바 '밤이사'[2]를 통해 가족이며 주위 사람들 아무도 모르게 하룻밤 새에 완전히 자취를 감추는 '인간증발' 현상이 있다. 말하자면 매년 발생하는 10만 명의 실종자 중 최소 약 8만 명은 바로 '자발적 실종'을 택한 사람들이라고 할 수 있다.

근래에는 밤이사를 전문으로 하는 합법적 브로커 업체들이 생겨났다. 업체는 보통 증발자의 이삿짐을 옮겨줄 뿐 아니라 그들에게 새로운 일자리와 신원을 제공해준다. 이 업체들은 불법 업체가 아니다. 법적으로 정식 허가를 받은 사업체이므로. 합법적 업체를 통한 밤이사는 채무 등 법적 문제가 있는 사람들을 제외하고, 모두 합법적 경로로 밤이사를 계획하고 실행할 수 있다. 게다가 대부분의 업체는 전화상담, 그리고 업체의 인터넷 사이트 검색 등으로 접근이 용이하다.

최근『인간증발: 사라진 일본인들을 찾아서』라는 르포르타주에서 프랑스의 기자 레나 모제가 이 문제를 세상에 밝힌 뒤로 점차 수면 위로 떠오르게 되었다. 현재까지 거의 유일한 선행연구라 할 만하다. 그후 유튜브 동영상 등을 통해 빠르게 확산된 것 같다. 내셔널지오그래픽의 다큐멘터리 "증발하는 사람들, 일본의 '밤이사'

---

2 일본어 '夜逃げ'는 '야반도주'로 번역할 수도 있겠으나, 후술하는 바와 같이 인터넷 동영상 등에서 '인간증발'과 '밤이사' 용어를 반복 사용하고 있어 본문에서는 이를 그대로 두었다.

현상"에 등장하는 밤이사 업체 관련자에 따르면, 밤이사 의뢰 건수는 1년에 약 3천 건, 단순 상담은 수만 건이 넘는다고 한다.[3] 위 다큐멘터리에는 '증발한 사람'의 인터뷰가 신원 비공개로 짧게 실려 있다. 그러나 증발자 당사자들의 인터뷰는 사실상 무리나 다름없기에, 레나 모제 기자는 주변 관계자들을 만나는 방법을 택했다. 이 인터뷰에 따르면 이들이 증발하는 방법은 실로 다양하다. 가쓰후미(가명)는 지극히 평범한 직장인이었는데, 아침에 출근하는 척 집을 나선 뒤 아무도 모르게 사라졌다. 2002년에 증발한 나오미의 가족은 증발자가 북한으로 납치되었다고 생각하여 '납북자 가족 모임'에도 참가 중이다.

증발자들은 이후 사회 최하층민으로 전락하여 비참하게 제2의 삶을 살아간다. 밤이사를 통한 증발은 첫째, 한번 증발한 사람들은 평생 다시는 원래 삶으로 돌아오지 않는다. 둘째, 증발은 아무에게도 알리지 않고 하룻밤 만에 이루어진다. 이러한 점을 고려할 때 증발은 기존의 삶과 극단적인 단절방식을 갖는다. 즉, 밤이사는 죽음이라는 극단적 선택과 다를 바 없는 일종의 '사회적 자살'이라고 하겠다. 앞의 내셔널지오그래픽의 다큐멘터리에서는 밤이사가 일본 사회의 더 중차대한 문화적 현상인 자살을 피하게 해준다는 식으로 보도하고 있다. 그러면서 공동체 안에서의 책임감이 유독 강한 일본인이 자존심을 이유로 자살을 선택하는 것은 일본 특유의 현상이라고 설명한다.

---

3 내셔널지오그래픽-National Geographic Korea 2019.4.2.
   https://www.youtube.com/watch?v=y5TsIby8Mzs(검색일: 2021.12.20)

당사자의 기본권 소실은 물론, 남은 가족들의 고통스러운 삶을 생각해보면 증발 후 그들을 찾는 노력은 계속되리라고 짐작할 수 있다. 그러나 특수실종자가 아닌 이상 경찰에 의지하기도 힘들고, 값비싼 비용을 지불하고 종종 사립탐정까지 고용해 증발자를 찾는 일도 있지만 이 또한 매우 어렵다. 스스로 숨은 이상 단서가 전무하기 때문에 사실상 우연히 실종자를 찾기를 기대하는 수밖에 현실적으로는 거의 방법이 없다 해도 과언이 아니다.

게다가 증발한 사람들의 가족은 이미 그 자체로 공동체에서 낙인이 찍혀 주변의 따가운 시선을 받는다. 따라서 간혹 증발자가 스스로 집으로 돌아온 경우에도 이후 순탄한 관계 회복이나 정상적인 삶이 지속되는 경우는 거의 없다고 한다. 수십 년이 지나 가족의 생사가 궁금하여 증발자가 직접 가족을 찾는 경우, 대개의 가족과 지인들은 책임을 다하지 않고 도망쳐버린 자발적 실종자를 종종 외면하기도 한다. 이미 새로 꾸린 가족에 절망하여 또다시 숨어 지내던 곳으로 돌아가는 경우도 많다고 한다. 증발자들이 사회로 복귀하는 것을 적극 권유 혹은 지원하거나, 그러한 선택 자체를 기대할 수도 없는 이유이기도 하다.

도쿄 주변의 증발자가 모여드는 대표적인 빈민굴이 산야(山谷)라는 곳이다. 산야의 주민들은 대개 비위생적인 비좁은 모텔에서 생활하며 일용직 노동자로 하루하루 일자리를 전전하며 살아간다.

거리에 보이는 사람들은 이미 더 이상 존재하는 않는 이들입니다. 사회를 벗어난 우리는 이미 한번 죽은 것입니다. 우리는 서서히 자살

해가는 셈이죠.[4]

위 인용은 산야에서 모텔을 관리하는 유이치 씨의 인터뷰이다. 그 자신도 증발자인 유이치 씨는 쓰레기를 줍고 막일로 살다가 모텔 관리인을 하게 되었다고 한다. 그는 산야의 사람들 모두가 철저한 무관심 속에서 죽어간다고 덧붙인다.

특히 버블 경제 붕괴 이후 밤이사가 급증하게 되었다. 밤이사 현상의 경제적 배경으로 우선 버블 붕괴 후 1991~2001년까지의 경제 불황기인 '잃어버린 10년'을 첫째 요인으로 꼽을 수 있겠다. 특히 2000년에는 성인 실종신고 건수가 최대치를 기록했다. 1992년에는 야반도주하는 사람들을 그린 드라마 <야반도주 사무소>가 방영될 만큼, 1990년대 후반에 이르러 밤이사 현상은 자살과 함께 일본 사회의 큰 문제였다. <야반도주 사무소>의 감독 하라 다카히토는 이 시기 밤이사 현상에 대해 다음과 같이 말한다.

버블 붕괴는 비극적이었습니다. 부채의 액수와 상관없이 대출받은 사람들은 자살했죠. 일가족 전체가 자살하는 일도 있었고 야반도주하여 신분을 바꾸고 새 삶을 살기로 한 가족들도 있었습니다.

한편, 일본의 느슨한 주민등록제도 등도 밤이사 성행의 사회적 배경에 자리하고 있다. 2016년에 도입된 '마이 넘버' 제도에도 불

---

4 레나 모제(2017)『인간증발: 사라진 일본인들을 찾아서』, 이주영 옮김, 책세상, p.85.

구하고, 일본인들의 '마이 넘버' 발급 비율은 상당히 저조한 편이다. 행정업무의 디지털화가 더딘 21세기 아날로그 사회 시스템에서 결국 밤이사는 마음만 먹으면 충분히 가능하고 증발은 비교적 어렵지 않은 셈이다.

밤이사에 대해 다룬 미디어 및 자료들 대다수가 일본 내부가 아닌, 서양에 의한 자료라서 서양 사람들의 편향된 시각이 담겨있을 수 있다. 특히 유일하게 레나 모제의 저서에 의거해 밤이사 현상의 문화적 배경에 대해 설명하려는 점에는 아쉬움이 많이 남는다.

대표적으로 저자는 밤이사 성행의 문화적 배경으로 유명한 '수치(恥, 하지)의 문화'를 거론한다. 일본문화론에서는 『국화와 칼』이후 서구의 매우 전통적인 일본인 이해방식이 된 것이 '수치'의 문화이자, '기리(義理)' 사상이다. 기리는 흔히 세켄(世間)에 대한 기리와 자신에 대한 기리로 나누어진다고 말해진다. 이러한 기리를 중요시하는 사상이 기저에 깔려 있기 때문에 수치심이라는 감정이 내적 통제의 강력한 기제로 작용하게 된다. 가족에게 수치심을 주는 행위, 그리고 자기자신이 큰 수치심을 느끼게 되는 상황을 이유로 일본에서는 증발을 선택한다. 따라서 불륜을 저지르고도 스스로 먼저 배우자와 자식을 버리고 증발해버리는 등, 한국에서는 보통 이해하기 어려운 이유로 증발하는 사례가 많다.

그와 더불어 실패를 절대악으로 생각하고 용납하지 않는 일본사회의 분위기가 종래 지적되어온 전부다. 최근 자주 언급되는 '화(和, 와) 문화'라는 설명 방식도 깊이 연관된다. 밤이사는 일본의 집단주의 和 문화를 보여주는 예라고 생각한다. 집단 속에서의 개인의 역할을 강조하고, 한사람 몫(一人前, 이치닌마에)을 다하지 못하면 가문이나 사회집단의 수치로 인식되기에, 자살 또는 밤이사와 같은 극단적인 개인의 포기가 이어진다고 생각한다. 사회집단이 구성원의 행동과 의식을 제약하고 획일화한다면 배타성으로 귀결되고, 집단 속에서 어울리지 못하거나 튀는 사람을 인정하기보단 배격하는 것으로 이어진다. 이와 비슷한 예로 아이누, 부라쿠민 또는 자이니치와 같은 정체성이 다른 집단에 대한 차별이나 이지메, 관료주의 등이 있다. 따라서 밤이사는 일본의 和 문화에서 비롯된 집단주의와 그에 따른 극도의 폐쇄성이 낳은 사회적 산물이라고도 볼 수 있다. 『인간증발』에서 저자 레나 모제는 "압력솥 같은 사회에서 그 압박감을 견딜 수 없게 되면 사람들은 수증기처럼 증발하고 만다."라는 말을 남겼다.

무엇보다 이들 중 일부는 일용직 시장이나 원전 복구 작업, 로드킬 시체 청소 등 힘들고 위험한 일에 노동력을 제공하는 이상, 이 문제를 일종의 사회적 필요에 의해 암묵적으로 묵인할 수도 있다. 한국의 <기생충>이나 <오징어 게임>, 일본의 <만비키 가족>(국내 개봉판 제목은 '어느 가족') 등 사회의 빈부격차를 적나라하게 드러낸 작품으로 모두 해외에서 높은 평가를 받았다. 그런데 한국에서는 이 사실을 자랑스럽게 여기는 반면, 일본에서는 '만비키 가족'이 일본 하층민의 삶과 범죄 실상 같은 일본의 치부를 전 세계에 드러냈다고 하여 오히려 비판 여론이 대다수를 차지한다. 어느 사회에서나 벌어질 수 있는 부정적 일을 모두의 치부라고 생각하고 무조건 숨기려는 일본 특유의 분위기를 나타내는 예시라 할 수 있다.

147

실제로 산야는 일본의 일용직 노동자를 고용하는 가장 큰 인력 시장이기도 하다. 1960년대 산야가 지도에서 사라진 후, 1980년대 이 지역은 야쿠자에 의해 장악되었기 때문에 범죄조직과의 연관성도 지적할 필요가 있다.

> "그들은 서류가 없어도 일할 수 있는 곳으로 흘러 들어간다. 미국의 불법 이민자들의 노동력 시장과 마찬가지다. 현재 일본에서 그러한 곳으로 가장 유명한 장소는 바로 3.11 동일본대지진 이후 제염작업이 계속 이루어지고 있는 후쿠시마다."

내셔널지오그래픽의 다큐멘터리 "증발하는 사람들, 일본의 '밤이사' 현상"에 나오는 앵커의 발언이다. 야쿠자에 의해 일용직 노동 사장에 동원되는 형태로 억압을 강요당하는 다수의 사람들. 특히 후쿠시마 사고 이후 원전 복구 사업은 워낙 고위험군의 절대 기피 대상인 탓에 노동력 수급이 어렵다 보니, 원전 복구 사업 하청업체에서는 신원 불명자라 하더라도 묵인하고 고용하는 경우가 많다고 한다. 이렇게 막무가내로 고용된 일용직 노동자들은 헐값의 일당, 그리고 원전에 대한 무지로 인해 복구 사업 자체를 더디게 할 뿐 아니라 위험에 노출되었다는 사실조차 인지하지 못한 채 피해 사례가 속출하고 있다. 신원 증명을 스스로 포기한 이상 기본적 인권조차 보장받을 수 없는 것은 물론이거니와, 산업재해로 부상당해도 제대로 치료조치 받지 못하는 경우가 허다하다.

찌는 듯 무더운 저녁. 젊어 보이는 남자 세 명이 술집에서 이야기하고 있다. 세 남자는 희망을 위해 건배한다. 한 남자가 이들에게 다가와 일자리를 제안했다. 적어도 두 달 동안 숙식이 제공되는 일이다. 쓸고 닦고 쓰레기를 자루에 담는 작업이다. 쓰레기의 정체는 원전 폐기물, 핵먼지. 내일 이 세 명은 후쿠시마에서 원전 폐기물을 처리하는 일을 할 것이다. 어차피 가출한 사람들이라서 돌아오지 않는다 해도 누구도 찾지 않을 것이다. — 20장 후쿠시마의 연기 中[5]

2. 사라진 증발자가 도달하는 곳, 후쿠시마

대개 원전 복구 사업에 투입되는 일용직 노동자의 30% 이상이 증발자가 모여드는 또 다른 지역인 오사카 남부의 가마가사키(釜ヶ崎) 같은 빈민굴에서 온 노숙자나 일용직 노동자로 추정된다고 한다. 이들은 자발적으로 일하러 오는 경우도 있지만, 보통 야쿠자들이 일용직 노동자들을 강제로 모으는 경우가 많다. 야쿠자와 기업의 부정한 하청업체들은 이들의 노동력을 착취하고, 후쿠시마 원전 복구 사업 같은 고위험군 작업에 강제로 투입시킨다는 것이다.

여기서는 최근에 출간된 일본 원전 피폭 노동자들의 증언집『핵발전소 노동자: 최근 핵발전소 피폭 노동자들의 현장 증언』에 의지하여 그들의 목소리를 들어보자.[6] 이 책의 저자 테라오 사호는 가수

5 레나 모제, 앞의 책, p.243.
6 테라오 사호(2019)『핵발전소 노동자: 최근 핵발전소 피폭 노동자들의 현장 증

다. 저자는 우연한 기회에 핵발전소에서 일하다 피폭된 사람들에게 관심을 갖게 되는데, 핵발전소 노동자들을 다양한 방법으로 접촉을 시도하여 그중 여섯 명의 이야기를 기록했다. 서문에 따르면 그 우연한 계기라는 것이 2003년 산야(山谷)의 여름 축제였다는 점은 저자가 생각한 우연이 결코 우연이 아니었음을 알게 한다.

도대체 현장에서는 어떤 일이 발생하는가? 일상의 노동이 어떠하며 노동자들은 무엇을 느끼는가?

제1장 사고는 겉으로 드러나지 않는다 - 유바 다카키요의 경험
제2장 필수 비용을 줄여버린 합리화 물결 - 다카하시 나오시의 경험
제3장 위선과 기만의 산재 승인 절차 - 가와카미 다케시의 경험
제4장 일상적으로 데이터를 수정하는 중앙통제실 - 기무라 도시오의 경험
제5장 3·11 이후 은밀한 복구 과정과 외국인 노동자의 불법 피폭 노동 - 미즈노 도요카즈의 경험
제6장 핵발전소 노동의 다단계 하청 - 다나카 데쓰아키의 경험

핵발전소의 점검이 느슨해지고 있어 사고 위험성이 높아지고 있다는 얘기, 숙련 노동자들이 줄고 있어 위험 상황에 대처할 수 있는 능력이 떨어지고 있다는 얘기, 후쿠시마 핵발전소 사고 당시 현장

언』, 박찬호 옮김, 건강미디어협동조합(원저 2015).

에서 일했던 노동자들의 증언을 통해 당시의 혼란에 대해서도 생생한 얘기를 들을 수가 있다. 방사능이 흐르는 곳에서 마구 쓰이고 버려지는 노동자들. 제대로 된 준비 없이 피폭 위험이 높은 현장에 투입되며, 일정한 피폭량에 도달하면 가차 없이 버려진다.

　　제철소를 그만두고 일용노동이나 공동체에서 자유롭게 사는 것을 모색했던 가와카미에게 지역을 여행하는 경험도 되고 또 먼지도 없는 단시간 노동의 핵발전소는 매력적인 현장이었다.

　　"지금은 조금 늘긴 했어도, 4시간 반, 일반적인 근무와 비교하면 절반이지 않습니까? 방사능 오염은 있어도 육체적인 부담은 거의 없었습니다. 오염 같은 문제는 모든 사람이 어떻게 해 볼 수 없는 문제였습니다. 그것만큼은 바람직하지 않은 조건이었죠. 방사능에 민감하게 반응하는 사람들은 업무에서 배제되고 그럼 그만두게 됩니다. 그냥 아무 생각 없이 지낼 수 있는 사람만 남습니다."[7]

　　훗날 대장과 위에 암이 두 번이나 발생한 가와카미는 그것이 피폭 노동에 의한 직업병이라 생각하고, 2009년 11월에 산재 신청을 했다. 가와카미의 산재 신청은 핵발전소 산재 신청으로는 첫 사례였다. 그러나 청구는 끝내 받아들여지지 않았다. 조사 보고 결과는 다음과 같았다.

　　7　테라오 사호, 앞의 책, p.129.

ㅇ 이상에서 검토한 결과, 산재 신청 대상인 위암, 결장암은 방사선 업무 개시로부터 27년 이상 지나서 발병하였으나, 누적 피폭선량(27.17 밀리시버트)에 대해서는 상기 수준(100밀리시버트)에 크게 모자란다.

ㅇ 종합적으로 판단컨대 이번 산재 신청대상인 위암, 결장암의 발병은 방사선 업무와 인과관계를 인정할 수 없다는 결론을 내릴 수밖에 없고, 이에 따라 지급 불가로 결정하는 바이다.[8]

산재 불승인의 주요 논점은 저선량 피폭의 영향을 고려하지 않은 것이었다. 즉 방사선 피폭의 경우 허용 기준치 이하라도 발병할 수 있는가, 아니면 질병과의 인과관계가 없다고 판단하는가의 문제였다.

피폭에 대한 기록이 남지 않아 피폭에 의한 질병이 발생할 경우 제대로 된 보상을 받기도 쉽지 않다. 그래서 피폭 현장의 노동은 일본계 브라질 출신의 이주 노동자 등 얼굴 없는 노동자들이 공백을 메우고 있다. 이하는 외국인 노동자의 존재에 대한 증언들이다.

현대의 핵발전소는 진실로 세계 각지에서 모여든 가난한 노동자의 불법적인 대량 피폭으로 유지하고 있는 것은 아닌가? (...)

설령 그들의 수가 많지 않아도 의미하는 바는 대단히 무겁다. 2010년 후쿠시마 핵발전소에서 미즈노가 선박 카탈로그를 가지고 있는 외국인 노동자들을 스쳐 지나갔다는 점, 이런 사실은 핵발전소에 불법 체

---

8 테라오 사호, 앞의 책, pp.131-132.

류 외국인 노동자가 필수 존재이고, 이들이 일본 각 지역의 핵발전소에 계속 존재해 왔다는 점을 말해준다.

만일 정식 고용 관계에 있는 일본인 노동자에게 그와 같은 작업을 시킨다면 선량 기준을 대폭 초과하는 불법 행위이다. 이들은 국적이 다르다는 한 가지 이유만으로 법망을 피해 간다. 자국으로 돌아가야 하는 외국인 노동자의 대량 피폭이 없다면 핵발전소는 운영할 수 없다. 겉만 녹색으로 위장해 놓고 실제는 불법을 안고 있는 셈이다. 핵이라는 괴물 같은 에너지를 안고 있는 핵발전소의 숙명일지도 모른다.[9]

원래는 아무 것도 떨어지지 말아야 할 핵연료 저장 수조에는 담배 꽁초나 밸브 등을 비롯해 다양한 물건이 떨어진다고 한다. 이런 사태의 원인을 알 수 있는 한 가지 사례에 대해 와타나베 시의원이 노동자 한 사람한테 들은 이야기를 알려 주었다. 떨어지는 것은 핵연료 저장 수조에 국한된 것이 아니다.

"정기 점검을 아주 짧게 할 때가 있는데, 1980년 때쯤인 것 같아요. 기간을 짧게 할수록 원청에는 보상금이 나왔지만, 노동자에게는 돈이 나오지 않았다는 겁니다. 오히려 노동 강도만 세지는 거죠. 그럴 때 배관 속이나 원자로 안으로 밸브나 책상이나 의자, 사다리 같은 것이 보통은 떨어지지 않는 것이지만 이런저런 불만으로 떨어뜨린다는 것이죠. 노동자들이 성질나서 전부 던져버린다는 거예요. 그때부터 보상금 제도가 없어졌다고 해요."

---

9 테라오 사호, 앞의 책, pp.189-190.

싼 임금으로 쓰고 버림받는 노동자들의 화풀이나 원망이 핵연료 저장 수조 바닥에 떨어지는 것인지도 모른다. 성실하게 업무를 하는 척하면서 감시의 눈을 교묘하게 피해 물건을 던져버린다. 아니면 감시자조차 보고도 못 본 척하는 것일까? 물건을 내던진 노동자 자신은 아마 후련할 것이다. 가난한 자들의 분노를 다른 가난한 자들이 감당해 내면서, 돈으로 받는다.[10]

수조에 들어갈 뿐만 아니라, 원자로 내부의 노동에도 흑인 노동자를 이용한 사실을 전 도쿄전력 사원이 증언했다. 일본인 노동자의 피폭량 증가만을 문제 삼기 때문에, 자료에 나오지 않는 외국인 노동자로 인해 실제 수치가 비교적 낮게 나오는 점도 감안해야 한다.

이상은 모두 2011년 이후의 인터뷰이기는 하나 이전부터 지속되어온 고질적 병폐 상황에 대한 내용들이 대부분이다. 핵발전소의 구조적 희생 시스템에 대해서는 일찍부터 논의되어온 바, 여기서 자세한 것은 생략하도록 한다.

"일본정부에게 버림받은 사람들"이라 하여 원전 사고 피해지 주민과 제염처리 노동자들을 다룬 유튜브 동영상에서는 이들의 노예나 다름없는 생활을 고발한다.[11] 제염작업에 참여한 사람 중에는 고향을 위해 원전에서 일하는 지역 주민들도 있고, 또 일이 없는 젊은 이들은 하루벌이를 위해 참여했다. 사전교육이라도 해도 서너 시

---

10 테라오 사호, 앞의 책, pp.190-191.
11 "원전 사고 피해지 주민과 제염처리 노동자들"<수다여사> Youtube. 2019.10.10. https://www.youtube.com/watch?v=T5ojQeeEk4g(검색일: 2021.12.20)

간의 간단한 것에 불과했다. 방사능의 위험성에 대한 정보보다는
어떤 일을 할지 작업 내용에 관한 설명 위주였다. 방사선 관리대장
(=피폭수첩) 등의 국가적 관리는 전혀 없었다.

실은 2011년 3월 11일로부터 1년이 지난, 2012년 2월 20일 후쿠
시마 사고 현장이 기자들에게 공개되었을 때부터 상황은 별반 달
라지지 않았다.

2011년 12월 원자로의 온도가 100도 이하로 떨어지는 냉온 정지
상태가 되었다고 했지만, 후쿠시마 발전소 인근의 방사능 수치는 여
전히 살인적이었다. 기자들에게 허용된 취재 시간은 15분이었다. 가
장 손상이 큰 3호기 인근은 버스 안에서도 시간당 1500마이크로시버
트를 기록했다. 현장은 3000마이크로시버트에 육박한다고 했다. 연
간 피폭 허용량을 훌쩍 넘고도 남은 수치다. 추운 날씨에 냉각수 호스
가 얼어 보온재로 호스를 감싸가며 물을 부어대고 있다. 이 일은 기계
가 하지 않는다. 지진과 쓰나미로 집을 잃은 농부들, 가난한 일용직
노동자들, 도쿄전력의 하청 노동자들이 하고 있다. 방호복을 입었다
고 하지만 방사능은 앞으로 그들의 생에 어떤 영향을 미칠지 아무도
모른다.

후쿠시마 사고를 피해 다른 곳으로 전학 간 아이들은 왕따를 당하
고 있고, 후쿠시마 번호판을 달고 있는 차량은 기피 대상이 된다. 후
쿠시마에 살았다는 이유로, 현장 수습요원으로 일했다는 이유로 그
들은 건강과 삶뿐 아니라 타자와의 관계마저 단절당하고 세계에서
지워질지도 모른다. 체르노빌에서도 그랬다. (...) 최근까지도 그들이

대규모 집회를 열어 자신의 목소리를 세상에 알렸던 것은 그 때문이었다.[12]

후쿠시마에서도 한국에서도, 사정은 마찬가지다. 지방 출신, 부양가족이 없는 노동자들, 특히 하청업체 직원들이 주로 더 위험한 사고 현장에 투입되었다. 원청업체(한국전력)와 n차 하청업체의 다단계 구조는 한국이 훨씬 더 심각하다고 한다.[13] 그래서 크고 작은 사고가 일어날 때마다 피폭 노동자들이 가장 먼저, 가장 큰 피해를 볼 수밖에 없다. 더하여 서울을 포함한 수도권 지역에서 쓸 전기 생산을 위해 경북, 전남, 부산 주민들이 갖은 피해를 겪을 수밖에 없다.

3. 후쿠시마 부흥 담론과 2020 도쿄올림픽

2021년 여름 전 세계의 빅이벤트는 뭐니 뭐니 해도 코로나 시국에서 우여곡절 끝에 결국 개최를 감행한 도쿄올림픽이리라. 2021년에 개최된 2020 도쿄올림픽은 일본 정부에 의해 후쿠시마 부흥 올림픽이라는 이름으로 대대적 선전이 이루어졌다. 그렇지만 부흥과 회복이라는 그 슬로건이 무색하게, 당초 주경기장 건축부터 나무 오륜기, 개폐회식 공연 중 가부키와 픽토그램, 욱일기 논란까지 참

---

12 강은주(2012) 『체르노빌 후쿠시마 한국』, 아카이브, p.10.
13 "핵발전소 하청노동자, 비극의 노동" 『한겨레21』 2014.9.30.
    https://www.youtube.com/watch?v=EbjcBDKljcM(검색일: 2021.12.20)

으로 말도 많고 탈도 많았던 올림픽으로 끝이 났다. 후쿠시마와 직접 관련되는 표상만 한정해 보더라도 부흥올림픽 홍보관, 후쿠시마 아즈마 야구장, 성화봉송 출발지 등에 이어 선수촌 후쿠시마산 식자재 사용 문제까지 논란이 끊이지 않았다.

이번 2020 도쿄올림픽에서 행해진 개폐회식, 기타 올림픽 구성은 현재 일본이 세계에 보여주고자 하는 자국의 보여주고자 하는 모습을 잘 반영하고 있다. 이는 캐릭터 및 디자인 면에서 '일본적인 미적 감각'을, 또한 개회식 공연을 통해 '일본의 전통과 현대'를, 그리고 무엇보다 후쿠시마의 안정성과 지속가능한 발전이라는 범세계적 목표를 위해 달려가는 모습을 어필하는 것으로 해석할 수 있다.

그러나 정작 후쿠시마 지역의 주민들 사이에서는 올림픽 개최 직전까지도 일관되게 부흥올림픽을 위해 후쿠시마를 정치 쇼로 이용하는 것에 대해 달가워하지 않거나 반대하는 움직임이 포착된다. 원전 사고 이후 현재에도 피해지에 뿌리 깊게 남아 있는 억압과 차별 구조부터, 올림픽 유치를 바라보는 후쿠시마 주민들의 심정, 한국의 일본산 식품 수입 규제를 바라보는 현지 주민들의 시각 등에 이르기까지 당사자의 관찰에서 일부 엿볼 수 있다.[14]

주의할 점은 결국 같은 후쿠시마 안에서도 근로자와 피난자의 두 계열로도 구분가능하고, 개개인들의 자기 안위 챙기기가 어쨌든 간에 현상 유지로 이어지는 장면을 확인할 수 있다. 즉, 같은 지

---

14 마쓰타니 모토카즈(2019)『후쿠시마 원전 사고 그 후: 한일의 미래를 위한 당사자의 관찰과 시사』, 배관문 옮김, 제이앤씨.

진과 쓰나미 피해를 입었지만 방사능 영향이 있는 핵발전소 지역에는 지원자가 들어가지 않는 재난 지역의 격차, 피난민과 피난처 주민간의 갈등, 자주적 피난자의 배상 청구 곤란함, 피난민 귀환 정책을 둘러싼 갈등 등, 매우 복잡하고 다양한 층위의 문제가 산재해 있다. 이렇게 서벌턴의 내부 층위를 구체화하는 식으로 접근해 보면, 결국 서벌턴의 목소리도 서로 다른 식으로 포착하려는 시도가 요구된다고 하겠다.

이 중에서 올림픽 연기와 성화봉송 릴레이에 관해서만 잠시 살펴보고 가자.[15] 후쿠시마가 성화봉송 릴레이 출발 지점으로 뽑힌 이유는 원전 사고가 잘 수습되었다는 점을 국내외에 어필하고 싶던 정부의 의도와, '풍평피해(風評被害)'를 불식하고 싶었던 후쿠시마현 측의 기대가 일치했기 때문이다. 아울러 코스 선정도 지역 주민의 의향이나 기대는 거의 고려하지 않고 정부나 현, 올림픽 위원회 등이 일방적으로 정했다. 후쿠시마현 성화봉송 코스를 자세히 살펴보면 정부나 현이 염두에 둔 '부흥'의 상징을 대외적으로 보여주고 싶은 목적을 명확히 간파할 수 있다.

출발 지점으로 설정된 하마도리의 경우 성화 릴레이가 결정된 장소는 오쿠마마치, 후타바마치, 도미오카마치, 나라하마치, 나미에마치, 이타테무라 등 주요 원전 피해 자치체가 전부 망라되어 있다. 하지만 성화 주자가 달리는 곳은 혹은 그 모습이 방영되도록 기대되는 곳은 정부가 중점적으로 제염을 시행하여 이른바 '부흥 거

---

15 마쓰타니 모토카즈(2020) 「2020년, 후쿠시마에서 코로나 재해를 생각한다」 『일본비평』 23호, 서울대학교 일본연구소, pp.215-218.

점'으로서 주민의 귀환을 권장해온 특정 지역이나 시설이었다.

예를 들어 나라하마치에 설정된 성화봉송 코스는 잘 정비된 J빌리지 부지 내 0.7km 구간과 마을 중심지 1km 구간뿐이었다. J빌리지의 대규모 축구 훈련 시설은 2019년 중반부터 운영을 재개하여, 일본 국가대표팀 합숙을 비롯하여 다양한 스포츠 이벤트가 잇따라 개최되어 일찍부터 부흥을 상징하는 시설로 자리 잡았다. 하지만 나라하마치의 주민 귀환율은 2018년 5월 시점에 약 50%를 넘었을 뿐이다. 원래 방사능 오염이 비교적 적었고 현재 방사선량도 사고 이전과 거의 다르지 않지만, 그래도 귀환하지 않는 주민이 절반이나 되는 셈이다. 그리고 J빌리지 남쪽에 성화가 달리는 구간은 후타바미라이가쿠엔 중고등학교 부근의 약 1.5km이다. 후타바미라이가쿠엔은 원전 사고 이후 신설된 공립 중고 일관학교다. 천황을 비롯한 정부 요인과 유명 인사들이 다수 방문했고, 피해지역의 장래를 담당하는 인재 육성을 목표로 정부가 주도적으로 후원해온 그야말로 '부흥'의 상징인 곳이다.

또한 정부가 '특정부흥재생거점'으로 지정하여 대규모 제염 작업을 실행한 후 얼마 전 새로운 관공서와 주택가가 정비된 '오가와라 지구'가 코스에 선정되었다. 대부분 오염이 심각했던 지역은 모두 코스에서 제외되었다. 지진과 쓰나미와 방사능 삼중 재해가 덮친 연안 지역의 피해를 상징하는 진재잔존건축물 우케도초등학교 건물이나 희생자위령비가 건립된 공원도 코스에서 빠졌다. 대신 성화 주자가 달리는 구간은 지금까지 정부가 주도하여 산업 부흥의 상징으로서 설치된 로봇테스트필드와 수소에너지연구소 사이

0.6km로 정해졌다. 어떤 시설도 원전 사고 이전 주민의 삶과는 무관하며, 원전 피해의 기억을 전혀 상기시키지 않는 '무색투명'한 산업시설만을 보여주는 경로다.

4. 맺음말: 더러운 존재, 지워지는 목소리

흔히 핵폭탄과 오인되곤 하는 '더러운 폭탄(dirty bomb)'은 전통적인 폭발물에 방사능 물질을 결합하여, 방사능 물질의 확산을 기도하는 것이다. '더러운 폭탄'의 파괴력은 핵폭탄에 크게 미치지 못하여 본격적인 대량살상무기로 간주되지는 않는다. 미국 원자력 규제위원회(United States Nuclear Regulatory Commision)에 의하면, 더러운 폭탄의 목적은 폭발력 그 자체보다는, 방사능 물질을 퍼뜨림으로써 지역의 오염과 더불어 사람들의 불안을 자극하는 데 있다. 일반인들의 방사능에 대한 공포는, 그것의 비가시성과 함께 극대화된다.

보이지 않는 방사능에 대한 공포는 가시화된 피폭자의 훼손된 신체를 확증으로 삼아 사람들에게 육박한다. 신체 훼손의 위험성은 사람들에게 가장 높은 수준의 두려움을 제공한다. 피폭자의 신체는 원자력에 의해 '더럽혀'진 것으로 여겨지며, 그것 자체가 주는 실제적 위험보다도 더 큰 정도로 거리낌의 대상이 된다. 비근한 예로 한센병 환자에 대한 시선의 역사를 상기해볼 수 있을 것이다.

이처럼 방사능에 기인한 공포는 '더러움'이라는 감각과 밀접한 관계에 놓여 있다. 그리고 사회는 '더러움'을 씻어내려는, 또는 자신의 거주지로부터 멀리 내보내려는 노력을 경주하기 시작한다. 제염작업은 말 그대로 오염된, 곧 더러워진[染] 존재를 제거하는[除] 작업이다. 오염의 근원인 방사능을 다루는 일은 불가피하게 오염을 암시한다. 다시 말해, 작업에 참여하는 자체가 '오염당할' 가능성을 내포하고 있는 것이다. "상황은 통제되고 있다"는 도쿄전력과 일본정부의 호언장담에도 불구하고 광범위한 오염이 일어난 것과 유사하게, 제염작업은 그것이 다양한 방호조치와 매뉴얼에 의해 수행되고 있음에도 항상 오염에 노출될 위험성이 높은 '더러운 일(dirty job)'로 인식되고 있다.[16]

요컨대, '더러운 일'을 하는 존재는 드러나서는 안 되는, 주변화된 일을 해야 한다. 이는 전통적인 일본 사회의 대표 서벌턴이라 규정할 수 있는 '부락민'에 대한 구조적 차별과 궤를 같이한다. '더러운' 직업을 가졌기 때문에 '더러운' 놈들이요, '더러운' 놈은 '더러운' 일이나 하라는 순환구조이다. 그리고 이는 전후 히로시마와 나가사키 피폭자에 대한 구조적 차별에 대해서도 거의 비슷한 결의 '희생의 시스템'으로 설명할 수 있다.[17]

이 글에서는 서벌턴 연구의 관점에서 증발자와 원전 노동자의 관련 발언을 비교 분석함으로써, 미디어를 통해 작동하는 문화권

---

16 이 글에서는 자세히 다루지 못했지만, 아래의 저작에서도 전국 각지에서 모여든 원전 수습 작업원들이 '용감한 영웅'으로 묘사되는 한편으로 '방사능에 오염된 사람들' 혹은 지역을 어지럽히는 '잠재적인 범죄자'로 낙인찍히는 사례를 볼 수 있다. 이케다 미노루(2019)『후쿠시마 하청노동 일지: 후쿠시마 원전에서 하청 노동자로 보낸 시간』, 정세경 옮김, 두 번째 테제, p.266.

17 다카하시 데쓰야(2013)『희생의 시스템 후쿠시마 오키나와』, 한승동 옮김, 돌베개, pp.75-94.

력이 어떻게 서벌턴의 목소리를 억압하고, 나아가 그들에게 강요된 '희생의 시스템'을 정당화하는지 살펴보려 했다. 문제에 대한 관심은 2011년 동일본대지진을 전후로 시작하여 여태껏 계속되고 있다.[18] 다만 이번에는 2020 도쿄올림픽을 지켜보면서 논지의 방향성을 죽음학이 아니라 후쿠시마 표상문화론으로 확장시켜 연결 지어보고자 했다.

　단순화하여 정리하면, 논지의 핵심은 미디어에서의 재현과 실제 후쿠시마 사람들의 목소리의 간극이다. 그리고 그것이 구조적으로 내부차별을 통해 공동체를 만들어 온 일본의 시스템이라는 것이다. 서벌턴 연구의 관점을 빌리자면, 주변화된 존재들을 향해, 사회가 주변화하는 논리에 그들의 '하는 일'이 중요한 축을 이루고 있다. 주변화된 후쿠시마의 제염작업에는 철저히 사회로부터 지워지는 존재들, 즉 증발자들이 투입된다. 따라서 후쿠시마에서의 제염작업은 그 중요성에도 불구하고 철저히 잊히고 지워지는 특징이 있다. 그것은 국가적 수치이므로, 그들과 대비되어 "후쿠시마 농산물은 안전합니다"라는 목소리만이 강조된다. '후쿠시마의 목소리'들을 지우고 나서야 비로소 성립되는 그 사회는 주변부의 '인간들'을 깎아나가는, '희생의 시스템' 위에 자리 잡은 일본에 다름 아니다.

18　배관문(2015)「재해: 큰 죽음 속에서 망각되는 작은 죽음」『죽음의 풍경을 그리다: 한국적 생사학을 위하여』, 한림대 생사학연구소 편, 모시는 사람들, pp.275-300.

| 참고문헌 |

가이누마 히로시(2011)「후쿠시마 원전을 통해 생각하는 전후 일본」, 후지이 다
    케시 옮김,『역사비평』 97, 역사비평사.
강은주(2012)『체르노빌 후쿠시마 한국』, 아카이브.
김영근(2016)『일본의 재해학과 지방부흥』, 인터북스.
다카하시 데쓰야(2013)『희생의 시스템 후쿠시마 오키나와』, 한승동 옮김, 돌베개.
레나 모제(2017)『인간증발: 사라진 일본인들을 찾아서』, 이주영 옮김, 책세상.
루스 베네딕트(2019)『국화와 칼』, 김윤식 옮김, 을유문화사.
마쓰타니 모토카즈(2019)『후쿠시마 원전 사고 그 후: 한일의 미래를 위한 당사
    자의 관찰과 시사』, 배관문 옮김, 제이앤씨.
마쓰타니 모토카즈(2020)「2020년, 후쿠시마에서 코로나 재해를 생각한다」『일
    본비평』 23, 서울대학교 일본연구소.
배관문(2015)「재해: 큰 죽음 속에서 망각되는 작은 죽음」『죽음의 풍경을 그리
    다: 한국적 생사학을 위하여』, 한림대 생사학연구소 편, 모시는 사람들.
성호철(2015)『와和! 일본: 응집하는 일본인의 의식구조 해부』, 나남.
신재헌・김상운(2019)「일본 탐정의 장기미제 실종자 조사」『한국콘텐츠학회
    논문지』 19-7, 한국콘텐츠학회.
이케다 미노루(2019)『후쿠시마 하청노동 일지: 후쿠시마 원전에서 하청 노동자
    로 보낸 시간』, 정세경 옮김, 두 번째 테제.
정병호・최가영(2018)『일본의 재난문학과 문화』, 고려대학교출판문화원.
조선대학교 재난인문학 연구사업단 편(2021)『재난과 여성』, 역락.
테라오 사호(2019)『핵발전소 노동자: 최근 핵발전소 피폭 노동자들의 현장 증
    언』, 박찬호 옮김, 건강미디어협동조합.
한홍구・서경식・다카하시 데쓰야(2013)『후쿠시마 이후의 삶』, 이령경 외 옮
    김, 반비.

제7장

일본 다문화공생 정책의
평가와 과제
공생은 어떻게 가능한가

김 경 희

1. 머리말

일본정부는 2018년 12월 저출산·고령화에 따른 인구감소와 만성적인 노동력 부족의 문제를 해소하고자 외국인노동자의 수용을 크게 허용하기로 하였다. 단순노동자는 수용하지 않는다는 기본방침을 유지하면서도 국내의 인력부족이 심각한 건설업 등 14개 업종[1]에 대한 외국인 체류자격을 신설한 것이다. 고도의 전문직 등 특

---

1 개호, 건물 청소, 소형(素形) 재료 산업, 산업 기계 제조업, 전기·전자 정보 관련 산업, 건설, 조선·선박공업, 자동차 정비, 항공, 숙박, 농업, 어업, 음식료품 제조업, 외식업 등 인력난이 심각한 14개 업종이 해당되며, 5년간 최대 34만 5,150명 규모로 수용할 예정이다.

정 업종의 이주노동자만으로 한정되었던 체류자격이 비전문직을 포함하는 다양한 업종으로 확대됨을 뜻한다. 이에 따른 출입국관리법 개정[2]에 의해 2019년 4월부터 특정기능을 가진 외국인의 일본 국내 활동이 인정되었다. 체류자격 중 '특정기능 1호'는 14개 업종에서 상당 수준의 지식과 경험을 가진 자가 최장 5년까지 체류할 수 있는 자격으로 가족 동반은 허용되지 않는다. '특정기능 2호'는 부족한 인력을 확보해야 하는 건설업과 조선업 분야에 한하여 숙련된 지식과 경험을 가진 자에게 체류 기간의 갱신이 얼마든지 가능하고 가족 동반을 허용하는 체류자격이다.

외국인 노동자의 대대적인 수용 확대를 두고 자민당 내부와 일부 언론에서는 사실상의 이민정책이 아니냐는 지적이 이어졌지만, 일본정부는 경제 기반의 지속가능성 확보를 위한 목적으로 외국인 인재를 유입하는 것이지 이민정책은 아니라며,[3] 이민정책을 취하지 않겠다는 기존 입장을 되풀이하였다. '자유민주 정무 조사회'의 '노동력 확보에 관한 특명위원회'가 발표한 <'공생의 시대'를 향한 외국인노동자 수용의 기본방침>(2016.5.24)에서도 기존 '제9차 고용대책기본계획'(1999)에 근거하여 단순노동자 수용에 대해 소극적으로 대처해온 점에 문제를 제기하며 보다 적극적인 외국인 수용정

---

2 '출입국관리 및 난민인정법 및 법무성설치법 일부를 개정하는 법률안(出入国管理及び難民認定法及び法務省設置法の一部を改正する法律案)'(2018년 12월 성립)
3 제196회 국가 기본정책위원회 합동심사회(2018년 6월 27일)에서 아베 신조(安倍晋三) 총리는 특정기능 1·2호의 체류자격 도입제도에 대해 국민 인구에 대비하여 일정 규모의 외국인과 그 가족을 받아들여 국가를 유지하려는 정책이라고 설명하면서 이민정책이 아니라는 입장을 강조했다.

책의 필요성을 밝히고 있지만, 여전히 이민과 외국인 수용에는 선을 긋는 입장이다. 외국인 수용과 관련하여 이민정책으로 오해하지 않도록 주의를 기울일 것을 당부하면서, "'이민'이란 입국 시점에 영주권을 가진 자를 의미하는 것이므로, 취로 목적의 체류자격에 의한 외국인 수용은 '이민'에 해당되지 않는다'고 강조하였다. 또한, '기능실습제도에 대해서도 개발도상국에 기술을 이전하기 위한 본래의 취지에 따라 계속적으로 실시하는 것이 좋다'[4]고 덧붙이고 있다.

정리하면, 일본정부의 입장은 국내의 생산인구 감소와 노동력 부족이라는 문제를 해결하기 위해 적극적으로 외국인노동자를 받아들이겠지만, 그들의 영구적 체류는 허용하고 싶지 않다는 속내를 드러내고 있다고 할 수 있다. 게다가 이미 많은 문제점이 지적되어 온 외국인기능실습제도(外国人技能実習制度)[5]에 대해서도 개발도상국으로의 기술이전을 통해 국제사회에 공헌한다는 허울 좋은 명목만을 내세우고 있다. 부족한 노동력을 메우기 위해 외국인노동자를 어쩔 수 없이 필요로 하면서도 언젠가는 자국으로 돌아가기를 바란다고 한다면 노동 현장에서 발생하는 그들의 인권 침해나 노

---

[4] 自由民主党政務調査会・労働力確保に関する特命委員会(2016) <「共生の時代」に向けた外国人受入れの基本的考え方>, p.2.

[5] 법무성이 발표한 자료에 따르면, 외국인 기능실습생에서 발생하는 문제로서 근무지 이탈자는 2017년에 7천 명을 넘었고, 이 중 67%에 해당하는 1,939명이 계약임금이나 최저임금보다 낮은 임금을 받은 것이 이탈 사유였다. 월 80시간 이상 시간 외 근로를 한 실습생도 10%에 달하였다. 西日本新聞朝刊(2018.12.4) 「失踪実習生過酷な実態 最低賃金未満67%、残業80時間超10% 野党分析「国報告と乖離」」(https://www.nishinippon.co.jp/item/n/470390/(검색일: 2021.6.2)

동력 착취 등을 해소하기 위한 통합적인 정책이 만들어지기는 어렵다.

이렇듯 일본의 다문화공생 정책은 국가 차원에서 이민정책에 거리를 두고 있는 일본정부가 국내에 증가하는 외국인노동자들을 관리하고 통합하기 위한 대책으로 마련된 측면이 있다. 이민정책의 부재에 따른 문제점과 늘어나는 외국인노동자의 관리문제를 해소하기 위한 대안이란 점에서 다문화공생은 일본정부의 외국인 수용정책과 밀접한 관련이 있음에 주목할 필요가 있다. 다문화공생 정책이 이주민노동자들의 인권과 권리를 비가시화하게 만드는 요소로 작동할 수 있기 때문이다.[6]

한편, 일본사회에 다문화공생의 주요 개념인 '공생'이 등장하게 된 것은 1990년대에 들어서 일본에 이주해온 뉴커머(new comer)[7]들이 급증하면서 그들에 대한 지역차원의 지원책이 필요하게 되면서이다. 그러나 좀 더 공생 개념의 원류를 찾아 거슬러 올라가면, 사회적 약자의 권리와 인간 존엄성의 회복을 위해 전개된 시민운동

---

6 이러한 관점에서 히구치 나오토는 브라질・페루 등지에서 온 일계인들의 경제적 불평등에 관한 고용 실태 조사를 통해, 다수의 일계인들이 비정규직에 고용되어 있음을 지적한 바 있다. 일본 정부는 다문화공생 정책을 통해 대등한 관계 구축을 내세우면서도 외국인들의 불안정한 고용상태에 대해서는 무시하고 있다고 비판했다.(樋口直人(2010)「多文化共生」再考—ポスト共生に向けた試論—」『大阪経済法科大学アジア太平洋研究センター年報』(7), p.5)

7 1970년대 이후 시작하여 1990년을 전후로 일본 땅에 건너 온 사람들로서, 대개 닛케이진(日系人)이라 불리는 일계인과 외국인 노동자들을 가리킨다. 일계인은 일본 이외의 나라로 이주해 해당국의 국적 또는 영주권을 취득한 일본인과 그 자손을 지칭한다. 1990년에 '출입국관리 및 난민인정법(「出入国管理及び難民認定法」)' 개정을 통해 브라질・페루 등지에서 중남미 출신의 일본인 이민자 후손이 대거 입국하게 되었다.

가운데 공생 개념이 실천되고 있었다. 1970년대부터 한정적이긴
하지만, 히타치 취업차별 투쟁 등 재일코리안이 중심이 되어 일본
사회에서의 공생을 요구해왔다. 선진적으로 가와사키시(川崎市)에
서는 재일코리안이 밀집해 있는 지역을 중심으로 재일코리안과의
공생을 시책으로 마련하기 시작했다. 즉, 일본사회의 공생운동의 시
작 배경에 재일코리안의 중심적 역할이 있었다는 것이다. 그럼에
도 일본의 다문화공생은 지역에 급증하는 뉴커머들의 정착을 위한
정책으로 추진되었고, 재일코리안을 비롯한 올드커머(Old comer)[8]의
존재는 다문화공생의 대상 범주에서 빠져있다.

　이러한 다문화공생을 둘러싸고 학계에서도 다양한 비판적 논의
가 전개되어왔다.[9] 다문화공생의 개념이 다양한 문화적 배경의 외
국인들과 함께 살아간다는 선의의 뜻으로 비치지만, 그 외국인의
대상에는 일본 사회에서 역사적으로 주류집단에 속하지 못하고 차
별을 받아왔던 내부의 타자들이 배제되어 있다. 정부가 추진하는
다문화공생의 논리가 오히려 그들을 보이지 않는 존재로 만들어버
리는 결과로 작동하고 있다는 것이다. 일본이 언어와 인종과 문화

8　일본 국가의 식민지정책에 따른 결과로 전쟁 이전부터 일본 땅에 살고 있는 사
　람들과 그 자손들로서, 한국, 북한, 타이완 국적자 등이 이에 해당한다. 일본에
　서는 일반적으로 특별영주자를 가리킨다.
9　다문화공생 정책을 통해 분리와 배제가 일어나고 있으며 공생이 오히려 다문화
　사회의 불평등과 차별의 문제들을 은폐시키고 있다는 지적으로 米山リサ(2003:
　17-19), 上野千鶴子(2008: 212-213), 樋口直人(2010), 최병두(2011), 羅義圭
　(2020) 등의 논고가 있다. 또한, 공생의 용어에 대한 비판으로 中村廣司(2014a,
　2014b), 栗本英世(2016)의 논고를 들 수 있다. 다문화공생 관련 선행연구에 대
　한 자세한 내용은 다음을 참고바람(김경희(2020)「일본 다문화공생 이념의 논
　리와 상생으로의 전환」『일본학연구』 제61호, pp.83-88.)

가 서로 다른 사람들이 어울려 살아가는 공생사회를 어떻게 실현할 것인가에 대한 충분한 논의가 필요한 상황이다.

이 글에서는 일본사회가 표방하는 다문화공생 정책의 경위와 10년의 평가를 검토하여 그 성과와 한계에 대해 살펴본다. 구체적으로는 먼저 다문화공생의 역사적 원류 가운데 재일코리안들의 역할이 있었음을 확인하고, 일본인과 재일코리안이 연대한 공동투쟁의 실천을 통한 공생의 의미를 명확히 하고자 한다. 다문화공생의 한계점과 과제를 정리하여 진정한 공생이 어떻게 가능한지에 대해 논의하면서, 앞으로 다문화공생이 나아가야 할 방향에 대해 생각해보고자 한다.

2. 일본 공생사회의 역사적 배경

1) 공생의 원류로서의 재일코리안
   − 머조리티와 마이너리티의 연대, 공투(共鬪)

일본에서는 1980년대 국제화시대에 들어서면서 아시아 각국으로부터 이주해 온 결혼이민자, 외국인노동자, 유학생 등 문화적 배경이 다른 외국인이 증가하게 되자 '다문화' '다민족' 등의 용어가 소개되기 시작했다. 그리고, 1990년대에는 '다문화공생'이라는 용어가 미디어에 등장하게 되었다.[10] 이후 2000년대에는 중앙정부에 의해 제시된 다문화공생 개념이 전국으로 확산하게 된다. 그러나 앞에서 언급했듯이 다문화공생의 원류를 살펴보면, 일본 중앙정부에 의해 지역으로 확산된 개념이 아닌 재일코리안의 인권 회복과 보장을 요구하는 시민운동이 시발점이 되었다는 점에 주목할 필요가 있다.

일본 지역사회의 다문화공생 개념 형성과정과 재일코리안의 역할에 대해서는 金侖貞[11]의 연구성과가 주목할만하다. '다문화공생교육'을 위해 재일코리안과 일본인이 공조한 가와사키의 실천운동에 대한 실증적 연구를 살펴볼 수 있다. 국내에서는 최근 황익구(2018), 이지영(2020)의 연구를 통해 다문화공생과 관련한 재일코리안의 사회운동이 지적되고 있다.[12] 여기서는 일본사회에서 재일코리안들이 공생을 요구하게 된 경위와 그 공생운동이 머조리티

---

10 다문화공생 용어가 신문에 처음 등장한 것은 가와사키시 후레아이관의 다문화 공생 관련 강좌에 관한 기사였다. 1993년 10월부터 10회에 걸쳐「다문화공생사회를 향하여 – 재일코리언문화의 뿌리를 찾다(多文化共生社会を目指して－在日コリアン文化のルーツを探る)ー」라는 주제로 민족문화강좌가 열리게 되었는데, 이때의 내용이 1993년 12월 17일 아사히신문(朝日新聞) 가와사키판에 소개되면서 '다문화공생'이 공식적으로 미디어에 등장하는 계기가 되었다.(김경희(2020), 앞의 논문, p.92)

11 김윤정(2010)『다문화교육과 공생의 실현』, 일조각, pp.244-251; 金侖貞(2011)「地域社会における多文化共生の生成と展開, そして, 課題」『自治総研通』392号, pp.70-71; 脇阪紀行(2016)「「共生」の源流を訪ねて: 在日コリアンの社会運動と実践から」『未来共生学』3, pp.89-107 등.

12 황익구(2018)는 다문화공생 담론이 노정하는 문제점들과 재일코리안의 사회운동과의 관계를 살펴봄으로써 다문화공생사회를 지향하는 일본사회에 문제해결을 위한 방향을 제시하였다(「일본의 다문화공생 담론과 재일코리안의 사회운동」『한국사회사학회』71, pp.155-184). 이지영(2020)은 일본 재일코리안 3세에 대한 연구를 심화시키고자 재일코리안 3세를 중심으로 일본의 다문화공생사회 구축에 재일코리안이 한 역할에 대해 고찰했다.(「일본의 다문화공생사회와 재일코리안의 역할: 에루화, 무지개회, 재일코리안청년연합, 코리아NGO센터를 사례로」『정치정보연구』23(3), 한국정치정보학회, pp.169-203)

(Majority)인 일본인들과 마이너리티(Minority)인 재일코리안들과의 연대였다는 점에 주목하여 그 의의를 살펴보고자 한다.

일본사회의 민족차별에 저항한 시민운동의 대표사례는 '히타치 (日立) 취직차별 투쟁'[13]이다. 1970년에 재일조선인 2세 박종석(朴鐘 碩)이 합격통지를 받고도 외국인이라는 이유로 채용을 거부당하자 소송을 제기하여 4년간의 투쟁 끝에 승소 판결을 받은 사건이다. 박종석은 일본식 통명(通名)으로 히타치 제작소 입사시험에 합격해 취직이 내정된 상황에서, 호적등본 제출을 요구받자 외국인등록필 증명서를 제출하였고, 재일조선인임을 알게 된 히타치 측으로부터 "일반 외국인은 고용할 수 없다"며 채용 취소를 통지받았다. 그는 당시 이력서에 사실대로 한국 국적을 쓰면 떨어질 것이 분명하다 고 생각하여 본명 대신 줄곧 쓰던 일본식 이름을 적고 본적에는 거 주하던 아이치현의 일본 주소를 적은 것이다. 박종석은 능력을 인 정받아 합격했음에도 국적을 이유로 해고되는 것은 부당하다고 회 사에 몇 번을 이야기했지만, 회사에서는 이력서에 거짓말로 적은 것을 문제삼아 오히려 피해를 입었다고 주장했다.

그러던 차에 박종석은 거리에서 '베평련'[14]에 참가하던 게이오 대 學(慶應大学) 학생들을 만나 그들의 협력과 지원을 얻어 '재일조선인 취

---

13 '히타치 취직차별 투쟁'에 대해서는 『세계한민족문화대전』과 金侖貞(2011)의 전게 논문, 최승구(2020) 『변화를 일궈온 이방인』, 동연, pp.43-65. 등을 참조함.
14 베평련(ベ平連)은 「베트남에 평화를! 시민연합(ベトナムに平和を、市民連合)」의 약칭으로, 1965년 미국이 북베트남에 대규모 폭격을 개시한 것을 계기로 발족 하여 1974년 1월에 해산된 비폭력 반전운동이다. 베트남 전쟁 반대의 시민단체 로 젊은이들이 적극적으로 참여했다.

직차별을 분쇄하는 모임'을 형성하면서 재판투쟁을 결심하게 된다. 재판이 진행되면서 모임이 알려지자 뜻을 같이하겠다는 사람들이 늘어나면서 '박종석 군을 지원하는 모임'으로 이름이 바뀌고 차츰 시민운동으로 확산되어 갔다. 결국 박종석은 4년간의 투쟁 끝에 1974년 재판에서 승리하여 본명으로 히타치 제작소에 입사하게 되었다.

히타치 취직 차별문제는 단순한 부당해고에 관한 노동문제가 아니라는 점을 주목할 필요가 있다. 능력을 인정하면서도 외국인이라는 이유로 해고한 것은 민족차별이었다. 그럼에도 히타치는 박종석이 이력서에 허위 기재를 하였고, 그런 행위를 하는 인간은 '거짓말쟁이이므로 신용할 수 없다'는 이유로 해고한 것이지 민족차별이 아니라며 차별을 인정하지 않았다. 그러나 박종석이 거짓말을 한 배경에는 재일조선인인 그가 배외주의적인 일본 사회의 차별 속에서 동화되어 일본 이름으로 살수 밖에 없었던 사회 구조적 문제가 있었고, 그것은 일본이란 국가의 역사적 산물이었다. 당사자인 박종석은 자신의 본명을 되찾고 재판을 통해 일본사회의 민족차별에 대한 실체를 밝혀나가야 했다.

이후, 히타치 취직차별 투쟁은 재일조선인에 대한 일본사회의 고용차별을 공론화한 계기가 되었을 뿐만 아니라 투쟁에 참여했던 재일조선인 청년들이 그 과정을 통해 자이니치(在日)로서의 정체성을 깨닫게 된 점에서도 큰 의미를 갖는다. 일본에서 태어나 일본어로 교육을 받은 재일코리안 2세들이 자이니치로서의 자신의 정체성을 자각하면서, 일본사회에서 자신의 본명을 말하기 시작했다는 점이다. 히타치 투쟁의 승리는 많은 자이니치에게 영향을 주었고,

‘박종석 군을 지원하는 모임’에 참여한 일본인 청년들은 박종석과
자이니치 재일코리안 청년들의 분노의 목소리를 이해하려고 노력
하면서 일본사회의 차별에 맞선 투쟁에 함께 참여하게 된다. 이후
‘박종석 군을 지원하는 모임’은 ‘민족차별과 투쟁하는 연락협의
회’(이하, 민투련)의 결성으로 이어졌다. 그리고 민투련 활동의 중심이
된 것이 가와사키시 이케가미초(池上町) 사쿠라모토(桜本) 지역에 있
는 세이큐샤(青丘社)였다.

세이큐샤는 재일대한기독교회 가와사키교회(川崎教会)가 1973년
에 세운 사회복지법인으로 재일코리안들이 활동의 중심이었지만,
지역의 민족교육체제를 정비하기 위해 일본인들이 함께 참여하는
시민운동의 체제를 이루고 있었다. 민족차별의 현상을 서로가 인
정하면서, 차별과 편견을 없애고 재일코리안과 일본인이 함께 살
아가는 지역사회를 만들고자 하는 목적이었다. 무엇보다 주목되는
점은 히타치 취직차별에 대한 투쟁과 이어지는 ‘민투련’의 활동이
재일코리안과 일본인의 연대를 통한 공동투쟁이었다는 점이다. 머
조리티라 불리는 일본인들과의 연대가 어떻게 가능했고, 시민운동
으로 발전해 갔는지에 대해 다음에서 좀 더 살펴보자.

2) 가와사키시의 다문화공생 실천

세이큐샤를 중심으로 한 공생운동이 마이너리티 재일코리안과
머조리티 일본인이 연대한 시민운동으로 발전할 수 있었던 배경에
는 가와사키시가 혁신시정(革新市政)[15]을 추진하던 시기였다는 점도

주요했다. 당시 선출된 혁신계 시장은 재일코리안과 일본인이 연합한 시민운동의 요구를 받아들여 공생을 위한 정책을 실시하게 되었다. 1972년에는 시에 거주하는 외국인에게 국민건강보험제도 적용을 선언하였고, 1985년에는 가와사키시장이 지문날인을 거부한 외국인을 고발하지 않겠다는 성명('指紋押捺拒否者告発せず')을 발표하였다.[16] 1986년에는 재일외국인들의 민족교육 실천을 위한 <가와사키시 재일외국인 교육기본방침: 주로 재일한국·조선인 교육(川崎市在日外国人教育基本方針-主として在日韓国·朝鮮人教育-)>이 제정되었다. 이 기본방침에는 '재일외국인이 민족적 자각과 긍지를 가지고 자기를 확립함과 동시에 시민으로서 일본인과 연대하고 서로의 입장을 존중하며 함께 살아가는 지역사회 창조를 위해 활동하도록 보장해야 한다. 이것은 또한 일본인의 인권의식과 국제감각을 높이는 것이 된다. 이러한 환경을 갖추는 것이 인간도시 창조를 지향하는 우리 시의 교육행정의 책무이기도 하다.'[17]고 명시되어 있다. 이후, 1996년에는 공무원 채용규정에 국적조항을 철폐하여 재일외

---

15 가와사키는 자민당 중심의 보수권력이 오랫동안 지배한 도시였다. 그러던 중, 1971년 시장선거에 사회당과 공산당의 연합 공천으로 출마한 시직원노동조합의 위원장 출신의 이토 사부로(伊藤三郎)가 제7대 시장으로 당선된 후로 진보정치로 바뀌기 시작했다. 이후, 제11대 시장까지 연임하면서 시영주택의 국적조항 철폐, 아동 수당 지급 등의 가와사키 방식이라 불리는 선진적인 제도를 실시하였다.

16 당시 외국인등록증을 갱신할 때마다 지문을 찍게 한 제도에 대해 차별적 제도로서 반발하는 시위가 이루어졌다. 1985년에 1만 명이 넘는 재일코리안이 날인을 거부하는 사태가 벌어지면서, 일본 정부는 사법처리를 하겠다고 공언하였다. 이에, 지방 관청에서 날인 거부자들을 고발하자 법원은 모두 유죄를 선고했다. 그러한 상황에서 가와사키시의 시장은 고발을 거부한다는 성명을 발표한 것이다.

17 金侖貞(2011), 앞의 논문, p.67.

국인이 시의 직원으로 활동할 수 있게 되었고, 같은 해에<가와사키시 외국인 시민대표자 회의>를 설치하여 외국인 시민의 직접적인 의견을 시정에 반영하기 위한 제도가 마련되었다. 이후, 2005년 3월에는 <가와사키시 다문화공생사회 추진지침－함께 살아가는 지역사회를   위하여(川崎市多文化共生社会推進指針－共に生きる地域社会をめざして)>가 제정되어, 인권의 존중, 사회참여 촉진, 자립을 위한 지원의 기본이념하에 외국인시민이 지역의 다양한 활동에 주체적으로 참여할 수 있는 다문화공생이 추진되었다(金侖貞, 2011;이상봉, 2017).

　이러한 가와사키시의 다문화공생 실천의 선진성은 마이너리티와 머조리티와의 연대에 의한 시민운동이 중심이 되었다는 점에서 커다란 의미를 갖는다. 공생 실천의 핵심적인 역할을 담당했던 세이큐샤는 그 활동을 인정받아[18] 1988년에 시에서 건립한 다문화 종합교육시설인 후레아이관(ふれあい館)의 위탁운영을 맡게 된다. 후레아이관의 조례 제1조를 보면, '일본인과 한국·조선인을 중심으로 하는 재일외국인이 시민으로서 서로의 어울림(ふれあい)을 추진하고, 서로의 역사·문화 등을 이해함으로써 기본적 인권존중의 정신에 바탕을 두고 함께 살아가는 지역사회 창조에 기여하기 위해 후레아이관을 설립한다(川崎市ふれあい館条例, 1988년 3월 29일条例 제23호)'는 목적을 명시하고 있다. 이와 같이, 세이큐샤를 중심으로 한 가와사키의 시민운동은 공생의 실천을 보여주고 있다. 머조리

18　세이큐샤는 지문날인 거부운동에 중심적으로 참여하였고, 운영하는 보육원에서도 재일코리안뿐 아니라 일본인 노동자를 비롯한 지역주민들의 자녀를 함께 돌보면서 공생정신을 실천하고자 했다.

티와 마이너리티가 서로를 인정하고 공동의 목적을 향해 함께 연
대하여 상생해 간다는 점에서 공생의 진정한 의미를 찾아볼 수
있다.

3. 중앙정부의 다문화공생 정책과 10년의 평가

1) 총무성 〈지역의 다문화공생 추진 플랜〉(2006)

그렇다면, 일본 중앙정부가 추진하고 있는 다문화공생의 등장배
경에 대해 살펴보자. 일본 지자체의 외국인주민을 위한 활동은
2000년대에 들어서 적극적인 외국인 시책마련을 위한 연대활동
으로 전개되었다. 역사적으로 외국인이 많은 지역과 1990년대 이
후 일계인 외국인이 이주해온 도시들이 서로 연계하여 중앙정부
에 외국인주민에 대한 정책제안과 시책마련을 요구하기 시작했
다. 2001년에는 하마마쓰시(浜松市)를 중심으로 13개의 도시가 연
합하여 <외국인 집주도시 회의>를 설립하고 중앙정부에 외국인
자녀에 대한 교육기회의 제공, 외국인 등록제도의 재검토, 사회보
험 가입촉진 등의 다문화정책을 요구하는 <하마마쓰 선언 및 제언
(浜松宣言及び提言)>을 발표하였다. 2005년에는 전국 최초로 가와사키
시에서 <다문화공생사회 추진지침>을 책정하였고, 도쿄도(東京都)
신주쿠구(新宿区)에서는 다문화공생 도시만들기 추진을 위한 '다문
화공생 플라자(多文化共生プラザ)'를 신설했다.[19]

이와 같은 자치단체의 적극적인 요구와 활동에 대해 국가적으로 다문화공생 정책을 추진하기에 이른다. 2000년에 법무성은 제2차 <출입국관리기본계획(出入國管理基本計画)>을 고지하여 외국인과 공생하는 사회실현을 목표로 명시하였고,[20] 중앙정부 차원에서는 2005년 총무성이 <다문화공생 추진에 관한 연구회(多文化共生の推進に関する研究会)>를 발족하여 2006년 3월에<다문화공생 추진에 관한 연구회 보고서-지역 다문화공생 추진을 위하여(多文化共生の推進に関する研究会報告書-地域における多文化共生の推進に向けて)'>[21]를 제출하였다. 그리고 이 연구회 보고서를 바탕으로 <지역 다문화공생 추진 플랜(地域における多文化共生推進プラン)>(이하, <다문화공생 추진 플랜>)[22]이라는 기본지침을 작성하여 각 지자체에 보내 지역의 실정과 특성에 기초해 다문화공생 시책을 실시하도록 요청하였다. 이로써 지자체를 중심으로 사용되던 다문화공생은 중앙정부에 의해 추진되는 다문화정책의 핵심 슬로건으로 정착하면서 전국으로 확산되어 가게 된다.

<다문화공생 추진 플랜>의 추진전략으로는 커뮤니케이션 지원(コミュニケーション支援)・생활지원(生活支援)・다문화공생 마을만들기(多文

---

19 양기호(2017)「지방의 국제화에 나타난 일본의 중앙-지방 간 관계 지방정부의 정책 리더십 재조명」『일본비평』16호, 서울대학교 일본연구소, p.76; 황익구(2018), p.340.
20 '앞으로의 출입국관리 행정은 사회의 안전과 질서를 유지하면서 인권 존중의 이념 아래 사회의 요구에 부응하는 외국인의 수용을 추진함으로써 사회의 바람직한 모습의 실현에 기여하고 또한 일본인과 외국인이 기분 좋게 공생하는 사회 실현을 목표로 한다'고 외국인과 공생하는 사회 실현을 명시하고 있다. (『出入国管理基本計画』法務省告示第119号)
21 総務省(2006) 「多文化共生の推進に関する研究会報告書-地域における多文化共生の推進に向けて」, pp.1-48.
22 総務省(2006)「地域における多文化共生推進プラン」, pp.1-11.

化共生の地域づくり)의 3가지 관점과 다문화공생 추진체제의 정비(多文化共生の推進体制の整備)가 기본 축으로 제시되었고, 이를 위해 지역에서 다양한 활동을 해온 국제교류협회, NPO, NGO 등의 민간단체와 제휴·협동할 것이 명시되었다.

지역 다문화공생 시책의 의의는 다섯 가지로 제시되었다. 지역의 역할, 인권존중의 취지, 다문화공생을 통한 지역만들기, 지역주민의 이문화(異文化) 이해력 향상과 이문화 커뮤니케이션 능력을 갖춘 젊은 세대 육성, 유니버설 디자인의 마을만들기 등이다. 첫째, 지역의 역할은 다문화공생이 지역사회 차원에서 이루어진다는 점이다. 지역이 다문화공생 시책의 담당자가 되어 입국한 외국인을 수용하는 주체로서 행정 서비스를 제공한다는 것이다.[23] 둘째는 "국제 인권 규약", "인종 차별 철폐 조약" 등의 외국인 인권존중의 취지에 부합하는 다문화공생 시책을 추진한다. 셋째는 세계로 열린 지역사회 만들기를 추진하여 지역사회의 활성화를 꾀하고 지역경제에 기여한다. 넷째는 다문화공생의 마을만들기를 통해 지역주민의 이문화 이해력을 향상하고, 이문화 커뮤니케이션 능력이 뛰어난 젊은 세대를 육성한다. 다섯째는 유니버설 디자인의 포괄적

---

23 이 점에 대해 히구치 나오토(樋口直人)는 다문화공생 개념이 공생의 단위인 문화를 국가의 편성원리로부터 분리시켜버렸다고 지적한다. 공생이 달성되어야 하는 단위가 지역사회가 되어 버린 지점에서 국가와 관련된 것들은 제외되어 결국 외국인 문제는 탈정치화되어간다. 문화를 중심으로 하는 행사나 교류가 공생사회를 이루어가는 데에 커다란 역할을 해왔다는 것을 부정할 수 없지만, 공생관계 속에서 보이지 않는 차별의 구조나 인권의 문제 등이 무시될 수 있다는 점은 주의를 기울여야 할 부분이다(樋口直人(2010)「多文化共生」再考ーポスト共生に向けた試論ー」『大阪経済法科大学アジア太平洋研究センター年報』(7), p.8.)

이고 보편적인 관점에서 다양한 문화적 배경을 가진 주민이 공생하는 마을만들기를 추진한다는 것이다.

이러한 다문화공생의 개념을 살펴보면, "국적과 민족 등이 다른 사람들이 상호 문화적인 차이를 인정하고, 대등한 관계를 구축하면서 지역사회의 구성원으로 함께 살아가는 것 (国籍や民族などの異なる人々が、互いの文化的ちがいを認め合い、対等な関係を築こうとしながら、地域社会の構成員として共に生きていくこと)"으로 정의하고 있다(<다문화공생 추진에 관한 연구회 보고서>). 그리고 "다문화공생을 추진해가기 위해서는 '일본인주민(日本人住民)'과 '외국인주민(外国人住民)' 모두가 지역사회를 이루는 주체라는 인식이 중요하다"고 덧붙이고 있다. 즉 다문화 공생은 지역의 외국인들이 주민으로서 각자의 문화적 아이덴티티를 발휘할 수 있는 풍요로운 지역사회를 만들어간다는 의미로 해석할 수 있다. 이 개념은 일본정부가 지향하는 다문화공생 정책의 기본정의를 상징할 뿐만 아니라, 그동안 일본 국내에 거주하는 외국인을 관리나 지원의 대상으로 여겼던 것에서 나아가 지역의 주민으로서 받아들여 공생하는 관계로 보았다는 점에서 일본의 외국인 정책의 방향을 크게 전환한 중요한 개념으로 평가할 수 있다.

이후 중앙정부에서는 2006년 내각에 <외국인노동자문제 관계부처 연락회의>를 설치하여 같은 해 12월에 <생활자로서의 외국인에 관한 종합 대응책>[24]을 마련하였다. 대응책은 외국인이 생활

---

24 취지를 살펴보면 다음과 같이 명시하고 있다. "우리나라 입장에서도 일본에 와서 일하고 생활하는 외국인들의 처우와 생활환경 등에 대해 일정한 책임을 지고, 사회의 일원으로서 일본인과 마찬가지로 공공 서비스를 향유하고 생활할 수 있는 환경을 정비해야 한다"(外国人労働者問題関係省庁連絡会議(2006)「『生

하기 편한 지역사회 만들기, 외국인 자녀 교육의 충실, 외국인 노동환경의 개선과 사회보험의 가입촉진, 외국인 재류관리제도의 검토 등의 부문으로 구성되었다. 외국인이 생활하기 편한 지역사회 만들기의 구체적인 항목에는 ① 일본어교육의 충실, ② 행정, 생활정보의 다언어화, ③ 지역에서의 다문화공생 촉진, ④ 방재 네트워크 구축, ⑤ 방범대책 충실, ⑥ 주택 지원, ⑦ 모국 정부와의 연계, 다양한 외국의 정보수집 및 보급 등이 포함되어 있다. 정리해볼 때, 일본에 유입된 외국인노동자에 대해 '생활자로서의 외국인'으로 인식하여 생활환경을 정비하려는 대응책으로 큰 의의가 있다고 할 수 있다. 하지만, 대부분이 일본어교육의 충실화와 일본사회에서의 안전한 정착을 위한 생활의 편의를 도모하는 측면에 머물고 있다. 일계인, 일본인의 배우자, 연수생, 기능실습생 등 지역의 다양한 외국인들이 각자 어떤 사회, 경제구조 속에 위치하는지, 어떠한 문제에 직면해 있는지에 대한 언급은 없다. 결국은 지역에 발생할 문제를 줄이기 위해서 외국인 생활자의 관리가 필요하다는 것이다. 그렇다면, 동화주의적 정책을 기반으로 외국인을 지원한다는 인식을 부정하기는 어려울 것이다.

이후 2008년 세계적인 금융위기로 인해 일본에서도 외국인의 고용불안과 생활곤란 등이 사회문제로 부각되자 정주자외국인에 대한 시책을 도모하기 시작했다. 2009년에는 내각부에 <정주외국인 시책 추진실(定住外国人施策推進室)>을 설치하였고, 2010년에는 일

活者としての外国人」に関する総合的対応策, p.1)

계정주외국인 시책 추진회의(日系定住外国人施策推進会議)에서 <일계정
주외국인 시책에 관한 기본지침>을 제정하고, 2011년에는 <일계
정주외국인 시책에 관한 행동계획>을 책정하였다.[25] 기본지침과
그에 따른 행동계획은 기본적으로 일본어 능력이 부족한 다수의
일계인 정주자들이 일본사회의 일원으로서 사회에서 배제되지 않
도록 일본어로 생활하기 위한 시책이 중심이었다.

2) 다문화공생 10년의 평가

2016년 일본정부는 다문화공생 정책을 추진하여 10년이 지난
시점에서 다문화공생의 추진상황과 변화를 검토하게 된다. '다문
화공생 사례집 작성 워킹그룹'을 설치하여, 2017년 3월에 <다문화
공생사례집-다문화공생플랜으로부터 10년 함께 열어가는 지역의
미래(多文化共生事例集-多文化共生推進10年 共の開く地域の未来)>(이하, 사례집)[26]를
제출했다. 10년간 지역에서의 다문화공생 활동을 회고함과 동시에
앞으로의 방향성을 찾고자 하는 움직임이다.

사례집의 앞부분에는 2006년 총무성의 <다문화공생 추진 플랜>
실시 이후의 외국인 거주자 현황이 소개되었다. 2015년 기준 체류
외국인수는 223만 2,189명으로 과거 최다를 경신했고, 국적별 추
이에서는 10년 전에 가장 많은 수를 차지했던 한국·조선, 중국, 브

25 內閣府定住外国人施策推進室(2011)「「日系定住外国人施策に関する行動計画」の
策定について」『自治体国際フォーラム』, pp.38-39.
26 総務省(2017)『多文化共生事例集-多文化共生推進10年 共の開く地域の未来』.

라질 출신자들이 감소한 반면, 유학생이나 기능실습생의 증가로 인해 필리핀, 베트남, 네팔의 동남아시아 등지의 출신자들이 증가하여 체류외국인의 다국적화가 진행되고 있었다. 체류자격별 추이에서는 특별영주자들이 사망과 출생률 저하 등으로 감소한 데 비해, 영주자는 매년 증가하고 있으며, 기능실습과 유학의 체류자격자도 증가추세를 보였다. 지방자치단체의 다문화공생 시책 참여상황에 대해서는 2016년 4월 기준, 도도부현(都道府県)에서는 94%, 정령도시(政令都市)[27]에서는 100%, 기초자치단체인 시정촌(市町村)의 경우 실시하지 않는 곳이 많아 40%에 머물지만, 외국인주민의 인구비율이 높은 곳에서는 약 85%의 단체가 참여하고 있었다(총무성 국제실, <다문화공생사례집> 2017.11). 정책 초기에는 외국인 거주 규모가 큰 지역을 중심으로 다문화공생 정책이 실시되었지만, 차츰 외국인이 적은 지역에서도 인구감소 등의 문제로 인해 적극적으로 외국인을 유치하게 되면서 대다수의 지역에서 다문화공생을 추진하게 되었음을 알 수 있다.

사례집에서는 지자체의 상황을 소개한 후, 지역의 글로벌화·지방창생의 추진 등을 언급하며 '종래에 외국인을 지원대상으로 보던 시점을 넘어서 지역사회의 구성원으로서 사회참여를 촉구하고 외국인주민의 다양성을 활용하는 구조와 국적·민족에 상관없이 누구나가 활약할 수 있는 사회 만들기가 필요하다'고 강조하고 있다. 구체적인 사례에서는 <지역의 다문화공생 추진 플랜>과 마찬

---

27 정령도시는 일본의 지방자치법(제252조)에서 '정령으로 지정하는 인구 50만 명 이상의 시'로 규정된 시를 가리킨다.

가지로 커뮤니케이션 지원(9곳), 생활 지원(28곳), 다문화공생 마을 만들기(9곳)의 사례와 새롭게 추가된 지역생활화와 글로벌화를 위한 공헌 사례(6곳)를 합하여 총 52곳의 성공사례를 게재하였다. 외국인주민이 지원의 대상이 아닌, 지원의 주체자이자 지역사회에 공헌하는 존재로 전환되고 있음을 시사하고 있다.

한편, 아베정권의 일본경제 재건정책으로 수립된 국가전략의 기본방향에도 외국인재 활용에 대한 내용이 포함되어 있다. 2013년부터 매년 개정되고 있는 <일본재건전략(日本再興戰略)>에는 글로벌화에 대응하는 인재력(人材力) 강화와 고도 외국인재의 활용 등을 통해 일본국가의 외국인 활용에 관한 방향이 나타나 있다. 이후, <일본재건전략> 2014, 2015년에는 '외국인재의 활용'이 중요한 시책으로 제시되었다. 2016년에는 처음으로 외국인의 생활환경 정비에 대한 언급이 이루어졌는데, '외국인 아동과 학생의 일본어지도 수강률 100%', '외국인 환자 수용체제를 갖춘 의료기관 40개소 확충' 등의 구체적인 목표 수치가 명시되었다. 같은 해에 발표된 <경제재정 운영개혁의 기본방침 2016>에서도 고도 외국인재의 수용을 늘리기 위해 JET프로그램(The Japan Exchange and Teaching Programme)[28]의 확대와 프로그램 수료자의 취업지원, 외국인 자녀의 교육환경 및 생활환경의 정비 등에 관한 외국인 수용의 종합적인 검토가 요청되었다(<다문화공생사례집>2017, 9-10). 이는 기존에 외국인주민이 저

28　JET프로그램이란 어학 지도 등을 행하는 외국 청년을 유치하는 사업으로, 총무성, 외무성, 문부과학성, 일반 재단법인 자치단체국제화협회(CLAIR)의 협력하에 지자체가 실시한다. '외국어 지도 조수(ALT)', '국제교류원(CIR)', '스포츠 국제교류원(SEA)'의 세 직종이 있다.

출산과 인구감소에 대한 해결책으로서 노동력 활용의 관점에서 검토가 이루어졌던 것에 대해, 지역사회의 구성원이자 생활자의 관점에서 인식되고 있음을 알 수 있다.

그런 가운데, 일본국제교류센터(JCIE)에서는 다문화공생을 실시하고 있는 지방자치단체(도도부현 47곳, 정령지정도시 20곳)를 대상으로 2014년부터 추진현황을 조사하여 분석한 결과를 발표하고 있다. 2014년, 2015년에 실시한 <다문화공생과 외국인 수용에 관한 설문조사>에 이어, 다문화공생 시책 10여 년이 흐른 2017년에는 <다문화공생과 외국인 수용에 관한 설문조사 2017>을 바탕으로 다문화공생 정책에 대한 평가와 향후 전망 등을 종합적으로 분석하여 <일본 지방자치단체의 다문화공생의 현재와 전망> 보고서를 제출하였다. 2017년 조사에서는 우편·팩스·메일 등을 통해 도도부현 31곳, 정령지정도시 20곳으로부터 회답이 이루어져 전체 65.6%의 회수율을 보였다.[29]

설문조사의 주요 질문은 현행 다문화공생 시책활동에 관한 항목과 외국인 이민수용 확대에 대한 항목, 정부가 취해야 할 외국인 정책에 대한 항목 등 세 세션으로 구성되었다. 주목할만한 조사결과와 그에 따른 분석내용을 살펴보고자 한다. 현행 다문화공생 시책에 관한 항목에서 외국인 주민이 지역에서 생활하고 적응하기 위한 일본어교실 등의 커뮤니케이션을 비롯한 생활지원은 잘 진행되고 있으나, 외국인주민의 자립과 지역사회에 참여하는 시책과 활

---

29 日本国際交流センター(2018) 「日本の地方自治体における多文化共生の現在と今後」, p.2.

동은 뒤처진다고 조사됐다. 2014년, 2015년의 조사결과에 이어 이 번 조사에서도 같은 결과가 나왔다는 것은 다문화공생 시책에서 여전히 외국인 주민에게 서비스를 제공하고 언어·문화적 갈등을 줄이는 일들이 중심이 되고 있다고 분석되었다.

위에서 조사된 외국인주민의 커뮤니티 형성과 지역사회 참여지 원이 부족하다는 결과에서는 외국인 주민의 비율이 높지 않고, 기 능실습생이 많은 지자체에서 외국인주민의 커뮤니티 형성과 지역 사회 참여에 관한 시책을 부정적으로 평가하는 경향이 강하게 나 타났다. 이 점은 외국인주민의 커뮤니티에 대한 지원과 사회참여 촉진이 외국인주민의 증가와 일본생활의 장기화에 따르는 것이 아 니라는 점을 보여준다. 외국인주민의 커뮤니티 형성과 사회참여에 대한 지원에는 무엇보다도 두 가지 면이 선결되어야 한다는 것이 다. 당사자인 외국인주민이 일본에서의 인생설계를 세우고 정착할 것인지 아닌지의 문제와 일본국가의 행정과 지역사회가 그들을 정 착시킬 것인지 아닌지에 대한 양측의 실천에 달린 면이 크기 때문 이다. 그러나 일본 정부가 외국인에 관한 종합적인 정책이나 이민 정책의 전개를 부정하고 있는 상황에서, 정부의 방침을 따르는 지 역사회가 외국인을 정착시키는 일에 적극적으로 나서기는 힘들다. 외국인주민의 커뮤니티에 대한 지원과 사회참여는 외국인주민이 든 행정 측이든 모두에게 우선적인 안건으로 채택되기 어려운 측 면이 있다. 이러한 일본 주류사회의 태도로는 외국인주민의 지역 사회 정착과 참여를 기대할 수 없을 것이다.[30]

다문화공생 시책과 활동에 참여하는 이유에 대해서는 도도부현과 정령지정도시 모두 '외국인 방문객과 거주하는 외국인의 증가에 대한 대응'이라고 응답한 곳이 38%(도도부현), 60%(정령지정도시)로 가장 많았다. 그리고 이들 지자체는 '국제교류를 통해 지역의 국제화를 촉진하기 위해', '지역의 주민에 대한 행정 서비스의 일환으로'를 이유로 선택한 다른 지자체에 비해, 현행 시책 전반의 진척상황에 대해서도 긍정적인 평가를 하였다. 이것을 통해 국제화라든가, 행정 서비스라는 관점보다는 현재의 상황을 직시하는 활동이 과제해결로 이어질 가능성이 높다는 것을 알 수 있다. 지역에 외국인주민이 늘게 되면, 일본어지원을 비롯하여 생활, 경제면에서 외국인주민에게 적절한 서비스와 제도를 마련해줄 필요가 생겨난다. 그에 비해, 지역의 국제화는 개념 자체가 매우 모호하고, 상호이해가 목적인 일본인과 외국인의 국제교류는 지역사회의 새로운 주민을 포용할 시책으로 발전하기 어렵다는 것이다. 외국인주민을 지금과 같이 주민서비스의 대상으로 인식하게 되면 지역사회에 참여하기 어려운 외국인을 위해서 새로운 비용을 지불할 동기가 만들어지기 힘들기 때문이다.[31]

다문화공생 시책과 활동이 지역주민과 기업 등 지역의 구성원들의 인식에 어느 정도의 변화를 가져왔는가를 묻는 항목에서는 '교류회나 일본어교실 등 일본인주민의 참여가 늘었다'가 41%(도도부현), 61%(정령지정도시)로, 다문화공생 마을만들기에 대한 일본인 주민의 인식변화를 가장 긍정적으로 평가했다. 반면, '외국인 주민과

---

30   日本国際交流センター(2018), p.18.
31   日本国際交流センター(2018), pp.28-29.

일본인주민의 문제(충돌)에 관한 상담이 줄었다'라고 답한 것은 16%(도도부현), 15%(정령지정도시)로 낮아, 외국인주민과 일본인주민과의 소통에 대해서는 소극적인 평가를 내렸다.[32]

그 밖에, 다문화공생사회 추진을 위한 체제의 취약성이 언급되었다. 자유기술 답변에서 '국가 원에서 외국인 전체를 대상으로 하는 수용과 지원에 대한 종합적인 지침이 없는 점', '시민협동정책, 인권정책, 종합정책, 산업정책 등 지자체에 따라 다문화공생정책의 중요도가 다른 점', '외국인 기본법이라고 할 법률이 없는 가운데, 외국인을 위해서 무엇을 어느 정도까지 행할 것인지의 기준이 없어 대폭적인 예산확충이 어려운 점' 등 외국인에 관련된 국가와 정부의 종합적인 방침이 없는 점을 과제로 지적하였다. 이는 2014년 2015년에도 유사한 기술이 있었다는 점에서 종래의 개별지자체 차원에서의 활동만으로는 정주외국인의 증가와 국적, 체류자격, 체류기간 등의 다양화로 인한 외국인을 둘러싼 환경변화에 대응할 수 없게 되고, 개별지자체가 임기응변적인 대책으로 일관한다면 결국엔 외국인 지원이라고 하는 기본적인 시책의 구도를 벗어나기 어렵다는 것이다.[33]

---

32 日本国際交流センター(2018), pp.19-20.
33 日本国際交流センター(2018), p.21.

4. 다문화공생의 한계와 과제

앞에서 언급한 출입국관리법 개정(2018)에 의해 본격적으로 외국인노동자를 수용하게 되면서 2019년 12월 말 일본 내 외국인은 2,933,137명에 달했다(法務省, 2019.12). 이에 따른 정부의 새로운 대응책 가운데, 법무성은 <외국인재 수용·공생을 위한 종합대응책(外国人材の受入れ·共生のための総合的対応策)>을 책정하여 국가 다문화공생 시책의 포괄적인 업무를 담당하게 되었다. 주요 업무는 외국인노동자의 생활환경 개선에 관한 것으로, 그 외에 문화청과 연계하여 <재류지원을 위한 '쉬운 일본어'³⁴ 가이드 라인(在留支援のためのやさしい日本語ガイドライン)>을 책정한다. 일본에 거주하는 외국인에게 '쉬운 일본어'를 보급하여 국가 기관이나 지방 공공단체 등이 발신하는 정보가 쉽게 전달되도록 하는 목적이다. 또한, 개정안에는 법무성의 입국관리국을 '출입국재류관리청'으로 격상시켜 특정기능 노동자와 노동계약을 맺은 기업에 대한 출입검사 및 개선명령, 외국인 지원을 위한 '등록지원기관' 인정 등을 담당하도록 하는 내용이 포함되었다. 출입국재류관리청은 지금까지 입국관리국이 담당하던 출입국관리와 재류관리 업무와 더불어 외국인지원 및 공생사회 만들기 업무를 담당하게 된 것이다. 이는 외국인과의 공생사회 실현을 위한 중앙정부의 시책이 전반적으로 확대되고 있음을 보여준다.

이에 맞추어, 총무성에서는 일본 국내에 거주하는 외국인들에

---

34 쉬운 일본어(やさしい日本語)란, 이해하기 어려운 말을 쉽게 바꿔 말하는 등, 상대방을 배려한 알기 쉬운 일본어를 가리킨다.

대한 종합적인 대응책으로서 2019년 11월에 <다문화공생 추진에 관한 연구회>를 개최하고, 2020년 9월에 기존의 <다문화공생 추진 플랜>(2006)을 개정하여 전국의 지방자치단체에 다문화공생 추진을 촉구한 상황이다. 개정 지침에는 외국인주민의 다국적화에 따른 다양성과 포용성을 지닌 사회실현을 통해 포스트 코로나 시대에 '새로운 일상'을 구축해간다는 방침이 추가되었다.

이상과 같이, 일본정부는 외국인을 적극적으로 수용하여 지역의 주민이자 생활자로 인식하여 여러 변화요인을 고려하면서 그에 따른 정책들을 마련하고 있다. 그러나 그 가운데에는 진정한 의미의 공생사회가 이루어지고 있다고 보기 어려운 면들이 있다. 앞에서 살펴본 바와 같이, 일본정부의 다문화공생 정책은 글로벌화가 확대되는 세계의 흐름 가운데 일본의 국제적 경쟁력을 강화하기 위한 글로벌전략[35]의 일환으로서 자리매김하는 경향이 있다. 그러한 관점에서 훌륭한 외국인 인재를 수용해야 한다는 논리라면 그것은 공생과는 거리가 먼 개념인 것이다.

그럼, 다음에서 일본정부가 추진하는 다문화공생 정책의 한계점과 과제에 대해 정리해보자. 첫째는 일본정부가 제시한 다문화공생의 개념에 관해서이다. 공생 개념에 주목하는 이유는 다문화공생이 일본정부가 추진하는 다문화정책의 슬로건으로 외국인 정책을 표방해 왔을 뿐만 아니라 정부의 기본지침으로서 지방의 시책

---

35 글로벌전략에는 외국인 인재 수용과 더불어 외국인의 출입국 체류자격 관리를 강화하는 논점이 포함되어 있다. 이것은 외국인을 선별하고 분리하고 배제하는 것이라고 할 수 있다.(原知章(2010)「「多文化共生」をめぐる議論で、「文化」をどのように語るのか?」『多文化社会の<文化>を問う』, 青弓社, p.38)

들에 영향을 미쳐왔기 때문이다. 그러나, 앞에서 살펴봤듯이 정부가 내세운 공생의 대상에는 공생운동의 원류로서 중요한 역할을 해 온 재일코리안을 비롯한 올드커머들의 존재가 배제되어 있다. 이것은 일본의 문화와 일본인이 가진 내적 다양성을 인정하지 않는 태도라고 할 수 있으며, 뉴커머들의 증가에 따른 당장의 어려움을 해결하고자 하는 정책에 머무른다면 공생은 기대하기 어렵다.

둘째, 다문화공생에 대한 머조리티 주민들의 인식 계발이 부족하다. 외국인과의 공생사회를 이룬다고 하는 것은 외국인들만의 노력과 변화를 의미하지 않는다. 무엇보다도 외국인과 함께 살아가는 주류 주민들의 인식변화와 노력이 필요하다. 다문화공생이 주류의 자리를 차지해온 머조리티의 기득권을 유지하기 위한 전제로서 기능한다면 그것은 공생이라고 할 수 없을 것이다. 앞에서 가와사키의 세이큐샤를 중심으로 한 공생운동의 예에서 살펴봤듯이, 일본인과 외국인의 공생이란 양쪽 모두에 변화가 요구되는 것이었다. 물론 현재의 일본사회에는 공생운동의 초기 상황과는 많은 변화가 있고, 외국인들의 구성도 다양해졌지만, 중요한 것은 같은 목표를 가지고 함께 연대한다는 점일 것이다. 실제로 지역에는 지금도 많은 문제가 있고 그 문제는 지역의 모든 주민들이 함께 직면하고 있다. 그러므로 지역의 머조리티 주민들과 마이노리티 주민들이 지역의 문제를 인식하고 서로를 인정하여 문제해결에 함께 참여함으로써 서로가 대등한 관계를 이룰 수 있다. 그러할 때 외국인들이 지역주민으로서 참여할 수 있을 것이다. 외국인 주민을 생활자이자 지역주민으로 받아들이는 관점을 더욱 심화시켜가면서, 동

191

시에 외국인을 타자화하거나 주변화하지 않기 위한 마조리티의 적극적인 참여와 변화가 필요하다.

셋째, 다문화공생에 대한 종합적인 정책의 부재이다. 외국인들의 법적 지위와 권리에 관한 사회적 기본권과 안정적인 체류자격이 주어져야 한다. 앞에서 일본국제교류센터가 실시한 조사보고에서도 알 수 있었듯이 외국인 거주안정의 문제가 선결되지 않고서 외국인의 지역활동 참여를 기대하기 어려울 것이다. 다문화공생을 지향하는 중앙정부와 지방정부의 목소리가 높아지지만, 실제로 이주민 정책들이 뒷받침되지 않는다면 아무런 변화를 가져올 수 없다.

최근 일본 나고야 출입국관리소 수용소에서 스리랑카 여성 위슈마씨가 지난 3월에 사망한 사건이 여러 차례 보도되었다. 유학생 자격으로 일본에 왔다 체류기간을 넘겨 구금된 수용소에서 몸 상태가 악화된 상황에서 치료조차 받지 못하며 비인도적인 취급을 당한 것이 밝혀지자 일본 국내 출입국관리소 수용소에서 일어나고 있는 인권침해가 문제가 되고 있다. 이 사건의 영향으로 심의중이던 출입국관리법 개정안은 인권에 대한 고려가 없을뿐더러 오히려 인권침해의 악법이라는 국내외의 비판이 거세지자 결국 철회하게 되었다.[36] 외국인 수용을 확대하는 정책을 펴면서도 여전히 이민자로서의 인권과 법적 지위를 고려하지 않는 이러한 상황은 일본이

---

36 藤崎麻里(2021.5.12)「入管法改正案に研究者ら124人が反対声明「再検討を」」朝日新聞, https://www.asahi.com/articles/ASP5C6S0VP5CULFA011.html(검색일: 2021.7.10.)

란 나라가 이주자들을 어떻게 인식하고 있는지를 보여주는 사례라고 할 수 있다.

5. 맺음말

이상 살펴본 바와 같이 이 글에서는 일본 중앙정부가 추진하고 있는 다문화공생 정책의 경위와 평가를 검토해봄으로써 일본의 공생사회 실현이 어떻게 가능한지에 대해 살펴보았다. 먼저, 공생의 의미를 찾기 위해, 일본 사회의 차별에 맞서며 공생을 요구했던 재일코리안들의 활동에 주목해보았다. 그들의 공생운동은 머조리티 일본인과의 연대를 통한 공동투쟁이었음을 확인할 수 있었다. 이 점은 오늘날에도 중요한 의미를 시사해주고 있다. 공생이라는 의미는 마이너리티 이주자들의 변화뿐만 아니라 머조리티 주민들에게도 커다란 인식의 변화와 노력이 요구된다는 점에서 찾을 수 있다. 그러한 변화가 일어날 때에 비로소 서로의 문화적 차이를 인정하고 대등한 관계를 구축하면서 지역사회의 구성원으로 함께 살아가는 것이 가능한 것이다.

그렇다면 머조리티의 자기변화는 어떻게 일어나야 하는 것일까. 일본의 공생 사상가인 하나사키 고헤이(花崎皋平)에 따르면 머조리티라는 자기의식의 탈구축이 없이는 공생사회를 기대하기 어렵다고 한다. 자기의식의 탈구축이란 고유한 나 자신이 가지고 있는 본질주의적 자기의식으로부터 해방되어 새로운 자기의식을 만들어가는 과정이다. 그 과정에서는 필연적으로 위화감과 갈등을 경험하게 된다. 새로운 자기의식이란 그러한 위화감과 갈등을 자신의 아이덴티티를 구성하는 요소로 삼아서 자리매김해가는 작업이다. 그것은 바로 다양한 관계성 속에서 발견하고 심화시켜가는 자기의식인 것이다.[37] 이러한 하나사키의 주장을 음미해볼 때, 고도 인재를 적극적으로 수용하려는 정부의 태도나 지역에 늘어나는 외국인의 다양성을 활용하여 글로벌화를 지향해 가려는 노력과 활동들로만은 진정한 공생을 이루기는 어렵다. 지역의 이주자들을 정착시키고 참여시키고자 하는 일방향적인 노력이 아닌 머조리티 주민들이 감수하게 되는 위화감과 갈등을 통해 모두가 타자가 될 수 있다는 경계의 유동성을 인정하면서 다양한 관계성을 획득해갈 때 공생사회로 나아갈 수 있을 것이다. 일본인과 일본문화의 내적 다양성에 눈을 돌림으로써 주류인 일본인들의 동질성과 고정성을 되묻는 계기가 필요하다.

37　花崎皋平(2002)『共生への触発―脱植民化・多文化・倫理をめぐって』, みすず書房, pp.71-72.

| 참고문헌 |

권숙인(2009) 「일본의 '다민족·다문화화'와 일본연구」『일본연구논총』제29호.
김경희(2020) 「일본 다문화공생 이념의 논리와 상생으로의 전환」『일본학연구』
　　　제61호.
김윤정(2010) 『다문화교육과 공생의 실현』, 조각.
김태식(2012) 「다문화주의의 한계와 대안 모색: 일본의 경험」『다문화와 인간』
　　　제1권 1호, 대구카톨릭대학교 다문화연구원.
中村廣司(2014) 「戦後の在日コリアン政策を通して見る日本の「多文化共生」イデオロ
　　　ギー 教育政策と市民運動を中心に−」『日本言語文化』27집, 한국일본언어
　　　문화학회.
_____(2014) 「日本の「多文化共生」概念の批判的考察」『日語日文学研究』91집,
　　　한국일어일문학회.
박명희(2019) 「2030 일본 이민국가로 전환할 것인가?」『EAI 워킹페이퍼』, 동아
　　　시아연구원.
양기호(2017) 「지방의 국제화에 나타난 일본의 중앙-지방 간 관계 지방정부의
　　　정책 리더십 재조명」『일본비평』16호, 서울대학교 일본연구소.
이길용(2010) 「일본 사회의 다문화공생의 의미와 다문화공생사회로의 과제」
　　　『일본연구』28, 중앙대학교 일본연구소.
이상봉(2017) 「일본 가와사키시 외국인시민 대표자회의의 20년의 성과와 한계」
　　　『한국민족문화』65, 부산대학교 한국민족문화연구소.
이지영(2020) 「일본의 다문화공생사회와 재일코리안의 역할: 에루화, 무지개
　　　회, 재일코리안청년연합, 코리아NGO센터를 사례로」『정치정보연구』
　　　23(3), 한국정치정보학회.
정미애(2010) 「일본의 외국인정책과 다문화공생정책의 간극」『의정논총』제5
　　　권 제2호.
정상우(2008) 「일본에서의 다문화사회 지원을 위한 조례 연구」『외국법제연구』
　　　Vol. 7.
최병두(2010) 「일본 '다문화공생' 정책과 지역사회의 지원 활동」『국토지리학
　　　회지』제44권 2호.
_____(2011) 「일본의 다문화사회로의 사회공간적 전환과정과 다문화공생 정

책의 한계」『한국지역지리학회지』17(1).

최승구(2020)『변화를 일궈온 이방인』, 동연.

황익구(2018)「일본의 다문화공생 담론과 아이덴티티 재구축」『한국사회사학회』71.

金侖貞(2011)「地域社会における多文化共生の生成と展開, そして, 課題」『自治総研通』392号.

栗本英世(2016)「日本的多文化共生の限界と可能性」『未来共生学』3.

塩原良和(2019)「分断社会における排外主義と多文化共生―日本とオーストラリアを中心に―」『クァドランテ』21, 東京外国語大学海外事情研究所.

花崎皋平(2002)『共生への触発―脱植民化・多文化・倫理をめぐって』みすず書房.

朴鐘碩・上野千鶴子他著(2008)『日本における多文化共生とは何か-在日の経験から』, 新曜社.

樋口直人(2010)「多文化共生」再考―ポスト共生に向けた試論―」『大阪経済法科大学アジア太平洋研究センター年報』(7).

山根俊彦(2017)「「多文化共生」という言葉の生成と意味の変容―「多文化共生」を問い直す手がかりとして」『常盤台人間文化論叢』3.

米山リサ(2003)『暴力・戦争・リドレス―多文化主義のポリティクス』, 岩波書店.

脇阪紀行(2016)「「共生」の源流を訪ねて: 在日コリアンの社会運動と実践から」『未来共生学』3.

원고 초출

제1장 홋카이도(北海道) 개척과 아바시리(網走)형무소의 참상　　　문명재
문화권력과 서벌턴의 관점에서

「홋카이도(北海道) 개척과 아바시리(網走)형무소의 참상 - 문화권력
과 서벌턴의 관점에서 - 」『日本語文學』제96집, 일본어문학회 2022년
2월.

제2장 다문화 공생과 아이누 민족　　　김영주
선주민족 공인과 선주권

「多文化共生とアイヌ民族」『日本言語文化』제54집, 한국일본언어문화학
회, 2021년 4월.

제3장 일본 고전 속의 역병과 미신, 그리고 가짜뉴스　　　금영진
질병과 공동체로 본 일본 사회 서벌턴

「일본 고전 속의 역병과 미신, 그리고 가짜뉴스 - 질병과 공동체로 본
일본 사회 서벌턴 - 」『일어일문학연구』제115호, 한국일어일문학회,
2020년 11월.

제4장 근세 시대 재해 속 서벌턴 피해자　　　김미진
1807년 에이타이바시(永代橋) 붕괴 사건을 중심으로

「근세시대 재해 속 서벌턴 피해자 - 1807년 에이타이바시(永代橋) 붕괴
사건을 중심으로 - 」,『일본어문학』제93호, 일본어문학회, 2021년 5월.

제5장 문화권력과 서벌턴 피폭자 문학   오성숙
전후 원폭, 원폭문학을 둘러싼 논쟁을 중심으로

「문화권력과 서벌턴 피폭자 문학-전후 원폭, 원폭문학을 둘러싼 논
쟁을 중심으로-」,『한일군사문화연구』제34집, 한일군사문화학회,
2022년 4월.

제6장 빈곤과 차별의 상징이 된 후쿠시마   배관문
현대일본 표상문화론에서 서벌턴 연구의 가능성

「빈곤과 차별의 상징이 된 후쿠시마-현대일본 표상문화론에서 서발
턴 연구의 가능성-」,『일본연구』91호, 한국외국어대학교 일본연구
소, 2022년 3월.

제7장 일본 다문화공생 정책의 평가와 과제   김경희
공생은 어떻게 가능한가

「일본 다문화공생 정책의 평가와 과제-공생은 어떻게 가능한가-」
『일본어문학』90집, 한국일본어문학회, 2021년 9월.

저자약력

문 명 재

한국외국어대학교 일본어과 및 동 대학원 일어일문학과를 졸업하고 일본 고베 대학 대학원 석박사과정을 졸업한 후 문학박사 학위를 취득했다. 현재는 한국 외국어대학교 일본언어문화학부 교수로 재직 중이다. 저서로『일본설화문학연구』(보고사, 2003), 『설화문학으로 본 일본문화』(한국외대지식출판원, 2017) 등이 있고, 「『今昔物語集』의 창의성 고찰－역사와 설화 사이－」등, 한일 설화 문학을 중심으로 한 다수의 논문을 발표하였다. 최근에는 일본 고전문학을 바탕 으로 하여 일본의 참모습을 밝히는 데 관심을 가지고 연구를 진행하고 있다.

김 영 주

한국외국어대학 일본어과를 졸업하고 일본 릿쿄대학에서 문학박사를 취득했 다. 일본고전문학(신화 설화) 전공. 현재 한국외국어대학교 등에서 강사로 재 직 중이다. 옮긴 책으로『숲에서 자본주의를 껴안다』, 『지금 다시, 칼 폴라니』, 『인구감소사회는 위험하다는 착각』등이 있고, 주요 논문으로「일본 중세신화 연구－신공황후신화를 중심으로－」등이 있다.

금 영 진

한국외국어대학교 일본어과 졸업 후 동 대학원 일어일문학과 석사과정 수료. 일본 규슈대학 대학원 인문과학부 국문학 석사 및 박사과정 수료 후 릿쿄대학 일본학 연구소 및 일본학술진흥회 외국인 특별 연구원. 현재 한국외국어대학 교 일본언어문화학부 강의중심교수로 재직중이다. 저서로『東アジア笑話比較 研究』(勉誠出版, 2012)가 있고『東アジアの古典文学における笑話』(新葉館出版, 2017), 『東アジアに共有される文学世界－東アジアの文学圏－』(文学通信, 2021)등을 함께 썼다.

김 미 진

도쿄대학 인문사회계연구과를 졸업하고 문학 박사 학위를 취득했다. 현재는 울산대학교 일본어ㆍ일본학과 조교수로 재직 중이다. 저서로『柳亭種彦の合 巻の世界』(若草書房, 2017)가 있고, 주요 논문으로「류테이 다네히코 고칸의 삽화 속 공간 표현과 시간 표현－『니세무라사키 이나카겐지』와『쇼혼지타테』

를 중심으로-」(『일본연구』 76, 한국외국어대학교 일본연구소, 2018. 6)등이
있다.

오 성 숙

일본 쓰쿠바대 문학박사 취득, 한국외국어대학교 일본연구소 전임연구원.
일본근현대문학, 문화, 미디어를 전공하고 현재는 중일전쟁기과 아시아·태평
양전쟁기, 점령기의 '전쟁과 여성, 폭력', '문학과 전쟁책임', '피폭자'에 관심
을 갖고 연구하고 있다. 주요 논문으로는 「요시야 노부코 문학의 전쟁책임-'전
쟁미망인'을 둘러싼 담론을 중심으로-」(2017.3), 「패전·점령의 여성해방과
가스토리 잡지 시대」(2020.12), 「문화권력과 서벌턴 피폭자 문학」(2022.4) 등
을 비롯하여, 공저『일본근현대문학과 전쟁』(2016), 공역『전쟁과 검열』(2017)
과 역서『일본 근현대 여성문학 선집 16 오타 요코』(2019) 등이 있다.

배 관 문

한국외국어대학교 일본어과 졸업 후 동 대학원에서 석사학위 취득. 도쿄대학
대학원 종합문화연구과 석사 및 박사학위 취득. 한림대 생사학연구소 HK연
구교수, 고려대 민족문화연구원 연구교수, 카이스트 인문사회과학부 초빙교
수를 거쳐, 현재 인천대 일어일문학과 강사로 재직 중.

김 경 희

일본 쓰쿠바대학에서 문학박사를 취득하고 현재는 한국외국어대학교 미네르
바 교양대학에서 조교수로 재직 중이다. 일본 괴담소설과 하이카이를 전공하
였고, 한일 대중문화콘텐츠 분야로 연구의 관심을 넓혀가고 있다. 대표 논저
로『요괴: 또 하나의 일본의 문화코드』(역락, 2019), 『한일 고전문학 속 비일상
체험과 일상성 회복-파괴된 인륜, 문학적 아노미』(제이앤씨, 2017), 『공간으
로 읽는 일본고전문학』(제이앤씨, 2013), 『그로테스크로 읽는 일본문화』(책
세상, 2008) 등을 함께 썼다.

이 저서는 2019년 대한민국 교육부와 한국연구재단의 지원을 받아 수행된 연구임.(NRF-2019S1A5C2A02081178)

일본 사회의 서벌턴 연구 3
문화권력과 서벌턴

초 판 인 쇄	2022년 06월 03일
초 판 발 행	2022년 06월 10일
저　　　자	문명재 · 김영주 · 금영진 · 김미진
	오성숙 · 배관문 · 김경희
발 행 인	윤석현
발 행 처	제이앤씨
책 임 편 집	최인노
등 록 번 호	제7-220호
우 편 주 소	서울시 도봉구 우이천로 353 성주빌딩
대 표 전 화	02) 992 / 3253
전　　　송	02) 991 / 1285
홈 페 이 지	http://jncbms.co.kr
전 자 우 편	jncbook@hanmail.net

ⓒ 문명재 외 2022 Printed in KOREA.

ISBN 979-11-5917-214-4　94300　　　　　　정가 15,000원
　　　979-11-5917-211-3　(set)